INSTRUCTOR'S RESO

SPANISH
FOR
SCHOOL PERSONNEL

Patricia Rush
Ventura College

Patricia Houston
Pima Community College

PEARSON
Prentice
Hall

Upper Saddle River, New Jersey 07458

Copyright © 2004 by Pearson Education, Inc.
Upper Saddle River, New Jersey 07458

Printed in the United States of America

10 9 8 7 6 5 4 3 2 1

ISBN 0-13-140980-8

Contents

Teaching with Spanish for School Personnel

Spanish for School Personnel is designed to allow instructors to easily create and deliver pragmatic, "real-world" language and culture-training programs so that beginning students can master "need-to-know" language and put it to immediate use. The materials are designed to help English-speaking school employees in all positions to better serve the growing population of Spanish-speaking students and parents who arrive with little or no English. In addition, the basic vocabulary, situations and cultural insights will provide a strong preliminary background for those students who eventually wish to major or minor in Spanish at a more-advanced level. The best part is that you, the instructor, do not need additional background to successfully deliver the course.

Students will be presented key vocabulary in a comprehensible-input format, focusing on easily-mastered, core expressions. Art, realia, photographs and brief dialogs will reinforce needed terms for each occupational area, supported by brief grammar explanations presented in "chunks". Grammar practice will be embedded automatically in context. In class, students will focus on communicative survival using basic vocabulary essential to the topics that will enable them to utilize their Spanish in their job environment. Traditional scope and sequence has occasionally been modified to more accurately mirror the cultural and linguistic needs of a work setting; i.e. the subjunctive has been presented prior to the preterit because of its necessary use in situations where a school professional recommends or suggests a course of action to a student or his family. Each chapter ends with *Síntesis* in which the chapter's grammar and vocabulary topics are synthesized in reading, writing, listening and speaking activities. *Algo más* offers cross-cultural insights significant to schools in its *Ventana cultural* section, accompanied by *A buscar* where students are sent to search out additional information connected to the chapter theme, frequently focused specifically on Hispanics. *A conocer* provides an opportunity for students to "meet" Hispanics who are successfully working in different areas of education or to learn more about items of cultural significance. *En mis propias palabras* allows students to expand on their own experience as related to working with Hispanics in education.

Whether the students are "non-traditional"—professionals already working in the field— or more traditional university or college students who want to contextualize the language requirement to meet a vocational, professional or career goal, true-beginning students will find that these materials provide a solid foundation in the basic skills of speaking, listening, reading and writing embedded in everyday workplace situations found at schools from elementary through university. High-beginner students will also find the materials excellent for structural review while acquiring routines and protocols of schools. In short, a "no-frills" book, supported by workbook and web activities, where rapid acquisition of the phrases and routines of the occupation is key to student success in the field (as opposed to success simply in the classroom). While language structure is considered essential, grammar will be less critical than "ready response" for communication. **Spanish for School Personnel** represents two quarters/semesters of instruction in three or four credit courses. Production at a novice level is anticipated; students entering with previous training may produce at the low-intermediate step.

Components of the program

♦ **Text,** using realia-based materials to accompany content-based dialogs in major categories of education. Art spreads introduce appropriate vocabulary.

♦ **Website** includes tests with feedback for student work and links to websites categorized by theme.

♦ **Audio CD** for listening segments, dialogs and vocabulary lists from text in each chapter.

♦ **IRM** including tests for each chapter and final examinations for the two review chapters. Audioscript provided in this section.

♦ **Workbook** to provide additional practice and reinforcement of main concepts, as well as practical materials such as diagrams, forms, etc.

Sample Planning Guide

Spanish for School Personnel readily lends itself to a two semester/quarter course. The first half of the book, covering *Para comenzar* through *Lección 6*, encompasses the first term; *Lección 7* through *Lección 12* are to be presented in the second. The final lesson in each half is a review of previous lessons, to prepare for the cumulative final exams which we have included.

Sample Lesson Plan

Each lesson should be taught over a two to three week period, depending on the number of class hours. There are two vocabulary and two grammar spreads in each module, thus representing a total of four vocabulary and four grammar segments in each lesson plus the *Síntesis* and *Algo más* sections. Module 1 would be the first week's lesson; Module 2 the second week's, with review segments from *Síntesis* and cultural input from *Algo más* presented prior to testing. Lesson 1, *Voy a la escuela,* could be presented as follows:

Week 1:

- *La inscripción*

- Telling time: *La hora*

- *Los maestros y las clases*

- Introducing and describing yourself and others: ***Ser*** + *adjetivos*

Each vocabulary section begins with an art spread for initial vocabulary acquisition. Begin the presentation of this lesson's theme by using this art in a comprehensible-input format. Ask students to identify the name of our "student" as shown in the personal information form on p. 17. Continue to ask questions prompted by that form: *¿Cuál es el teléfono de Elena? ¿Su apellido?¿Cuál es su dirección? ¿Su fecha de nacimiento? ¿Su lugar de nacimiento? ¿Su idioma nativo?*

Activities A and B always recycle vocabulary just presented, and serve as background for material then introduced in the dialogues. For example, in Activity B students mechanically reproduce the vocabulary presented by role-playing a parent of a new student and a receptionist gathering personal information, similar to what they saw in the art piece. After completing those opening activities, have students read the dialogue (or play the audio CD), followed by Activity C to check for comprehension. They learned *"apellido"* in the art, practiced in both A and B, and now use it again to answer questions based on the dialogue. These activities are appropriate for individual work (perhaps as previously-assigned homework), for entire class response, or for pair, small-group work even if the pair/group icons are not included.

The remaining activities in each vocabulary spread expand upon the content already presented, often using realia to provide the real-world focus and to assist students in applying what they just learned. On p. 19, students fill out an emergency card; they learn that they can read beyond what they can produce on their own (cognates are used throughout)—followed by another comprehension check. You may choose to present reading strategies, i.e. "It is not necessary to understand every word; read for overall meaning." You may also enhance cognate recognition by stressing commonalities, such as -ly = -*mente,* -ous = -*oso,* -ity = -*dad,* etc.

Estructuras presents our grammar explanation, recycling the same vocabulary and specifically tying it to the concept presented. Remember that some items will have been previously introduced lexically prior to their presentation as a grammar point (*Me gusta* is an example.) Students may read the explanation on their own at home; you may also choose to reinforce this explanation in class. The examples presented continue to utilize familiar words, and are followed by practice exercises to master the point taught, telling time in this case. For example, on p. 20 you see *La cita con el director es a las once.* *"Cita"* was introduced in the dialog and *"a las once"* ties directly to the lesson explanation. *Llego a la oficina a la una* offers a sample cognate. Exercises usually include models as additional reinforcement, and specifically require students to apply what they just learned. Students are now prepared to do A, B and C orally in class; exercises may be written if desired.

The Workbook directly mirrors the text, so additional practice for this first vocabulary/grammar spread of Module 1, Lesson 1 may be assigned as independent work or for class use.

Los maestros y las clases, the second vocabulary presentation, should be presented in the same fashion. This spread ends with an interview activity for students to personalize their knowledge. The grammar in this section, *Introducing and describing yourself and others: Ser + adjetivos*, gives students confidence that they've learned a lot in a short time, for now they can talk about themselves and others.

The vocabulary for each module is recorded on the audio CD, so instruct students to study the list as well as to practice their pronunciation by listening/repeating each word. The website tests, with instant feedback for the student, divide each module into each of its segments—two vocabulary and two grammar parts—so students may check their progress piece-by-piece or wait until it's time for the lesson examination (provided in the IRM) to try their skills.

Week 2:

- *Para conocernos*

- Asking for information: *Las preguntas*

- *En la clase*

- Describing people: *Los artículos*

Module 2 would be presented in similar fashion to Module 1, beginning with the art for vocabulary presentation, moving to the dialogue, following with the expansion material and then presenting the grammar, allowing students to practice both text and workbook material. Repeat for the second spread, again urging students to study the vocabulary list and listen to and repeat each word.

Week 3:

- *Síntesis* (recycles material from both modules, stressing listening, speaking, reading and writing)

- *Algo más* (provides a culturally significant reading, *Ventana cultural,* with additional opportunity for writing, *En mis propias palabras,* and a guided search for broader information tied to the topic in both the *A buscar* and *A conocer* sections.

- Lesson test (self-tests online for students and different instructor examinations in the Instructor's Resource Manual).

Síntesis opens with *A escuchar,* recorded on the audio CD (the audioscript is included in the IRM). There is always a comprehension check accompanying the listening segment. Now students recycle their vocabulary in reading and conversational segments, again relying on realia to reinforce our real-world concept, and encouraging students to "dare" to use their newly-acquired skills in guided conversations related to the lesson theme. *A escribir* provides a writing opportunity to further recycle material.

Algo más introduces material specifically geared to Hispanics in most cases. As the burgeoning population statistics show, Hispanics, now over 30 million, make up a growing segment in the United States and one of great significance. The *Ventana cultural* in Lesson 1 showcases the significance of speaking Spanish in today's world. Students then summarize what they read, giving them another opportunity to hone their writing skills, and an opportunity to check for comprehension by direct practice. Sharing their work with a classmate provides peer editing. *A buscar* sends them in search of more information in Spanish to enhance their connection to the language and its culture. As a suggestion, have students search for photo images of the Hispanics profiled in *A conocer* or to search for other prominent Hispanics, perhaps in their own community. They may also search for related cultural items, such as additional songs to teach in class. The website offers an expanded list of links to whet their appetite for further research.

Expansion Opportunities

Spanish for School Personnel provides the instructor with rich opportunites to lead students into further discussion and expansion of topics, depending on available time. Consider this example: *Lección 5* presents considerable information on school rules and discipline, including drug and alcohol abuse. Ask the students to prepare an anti-drug/alcohol publicity campaign by 1) showing a sample ad against drug or alcohol use, 2) offering guidelines to follow, 3) allowing students to work together to create and revise their project, and 4) presenting their finished presentation to the class.

While this text is designed with the beginning student in mind, many topics worthy of additional discussion are presented. Alternative education possibilities, including home schooling, are covered in *Lección 7*. Sports as an integral part of our educational system are a topic of *Lección 8*. Adult education opportunites are discussed in *Lección 9,* and university admission policies in *Lección 10*. All of the preceding topics lend themselves to conversation in class. By using media, print and video, the instructor can promote lively interaction to reinforce the real-world connection of language study.

Audioscript for *A escuchar*

Lección 1

RECEPCIONISTA: Buenos días. Escuela Menlo Park. Soy Carmen, a sus órdenes.

CARLOS: Buenos días, señorita. Me llamo Carlos Contreras. Soy el padre de Juanito Contreras, un nuevo estudiante de Kindergarten. Nosotros somos de México y ahora queremos establecer residencia aquí en California. Necesito inscribir a Juanito.

RECEPCIONISTA: Bueno, Sr. Contreras. Usted necesita llenar una solicitud aquí en la oficina.

CARLOS: ¿Es posible hablar con el director?

RECEPCIONISTA: Claro que sí. El director es el Sr. Fernández y hay una cita disponible con él el lunes a la una de la tarde.

CARLOS: El lunes no es un buen día. ¿Hay cita para el martes?

RECEPCIONISTA: Hay una cita disponible el martes a las nueve. ¿Está bien?

CARLOS: Está muy bien. ¿Necesito otros papeles?

RECEPCIONISTA: Sólo el certificado de inmunizaciones de Juanito y su acta de nacimiento.

CARLOS: Muchas gracias, señorita. Nos vemos el martes.

Lección 2

1. —¡Hola, mamá! Ya estoy en casa. Quiero mi leche y galletas, por favor. Yo tengo…

2. —¡Ay, papá! Tengo un examen de matemáticas mañana. Es muy difícil. No

   comprendo bien las matemáticas. Yo tengo…

3. —Maestra, ya terminamos los juegos de recreo. Necesitamos entrar en la clase para

   tener aire acondicionado. Todos tenemos…

4. —Después de muchas horas de escuela, recreo y tarea, miro un poco de televisión y

   entonces necesito dormir, porque yo tengo…

Lección 3

ELENA: Alicia, ¿cómo estás? La maestra cree que tienes varicela. Iiiiuuu…

ALICIA: Estoy muy mal. Y esta erupción es horrible. Está en todas partes: la cara, las

         orejas, la barriga—hasta en la boca. Pica y es muy fea. No quiero ver a nadie.

ELENA: Tienes que verme a mí. Yo voy a tu casa después de las clases hoy.

ALICIA: ¡Imposible! La varicela es muy contagiosa.

ELENA: Por eso voy. Mi mamá cree que es mejor tener varicela cuando somos

         jóvenes. Además, te traigo la tarea de la clase y una nota de tu admirador,

         Juanito.

Lección 4

MAESTRA: Buenas noches, Sr. Gómez. Habla Bárbara Rodríguez, la maestra de su hijo Gabriel. ¿Tiene un momento para hablar conmigo?

PADRE: Claro que sí. ¿Hay algún problema? ¿Se comporta bien Gabriel?

MAESTRA: Tranquilo, Sr. Gómez. No hay ningún problema con Gabriel. Al contrario, llamo con buenas noticias. Gabriel es nuestro *Estudiante del mes* aquí en la escuela. Todos los maestros votamos y este mes, todos votamos por Gabriel. Sus notas, su comportamiento y su actitud son mucho mejores. Todos vemos su progreso y queremos celebrarlo.

PADRE: No sé qué decir. Es un honor—y una gran sorpresa. Gabriel, mi hijo… *Estudiante del mes*… Gracias, señora, gracias.

MAESTRA: El viernes a las diez hay una asamblea para anunciar a los ganadores. Quiero invitarlos a usted y a su esposa si no tienen que trabajar.

PADRE: Claro que vamos a estar para celebrar su premio con él. ¡Qué orgullo!

Lección 5

RECEPCIONISTA: Woodrow Wilson Middle School. Habla la Señora Alcaraz, a sus

órdenes.

VOZ: Escuche usted con mucha atención. Evacúen toda la escuela. Hay

peligro.

RECEPCIONISTA: ¿Quién habla? ¿Qué peligro hay?

VOZ: No haga preguntas. Escúcheme y haga exactamente lo que le digo.

Si no, va a tener muchos problemas. Hay una bomba en la escuela.

RECEPCIONISTA: Marco Antonio, ¡eres tú! Ven acá inmediatamente.

INMEDIATAMENTE. Y la próxima vez que llames a la escuela

con una amenaza de bomba, ¡no lo hagas directamente enfrente de

mi ventana! Ahora eres tú quién va a tener muchos problemas.

Lección 7

PEPE: Beto, soy yo, Pepe. Acabo de recibir mi regalo de cumpleaños de mis papás.

          ¡No lo vas a creer! Tengo una computadora nueva—con todo.

BETO: ¿Una computadora? ¿Nueva? ¿Con todo? ¿De qué velocidad ?

PEPE: De 1.7 GHz. Tiene 512 megabytes de RAM y un disco duro de 80 gigabytes.

BETO: Es la mejor computadora del mundo. ¿Tiene módem?

PEPE: Claro: De 56k. Es fabulosa. Y tiene más de 100 juegos de vídeo. ¿Quieres venir

          a mi casa?

BETO: Sí. Déjame preguntarle a mamá... Pepe, mamá dice que sí, puedo ir a tu casa.

          Llego en 10 minutos. Eres el tercer muchacho de la clase en recibir su propia

          computadora. ¡Qué envidia tengo!

Lección 8

MARÍA: ¿Vamos a la cafetería para comer? Quiero hablarte del maestro nuevo.

CONSUELO: Sí, vamos. Pero primero quiero lavarme las manos. Las tengo muy sucias

por la clase de arte. ¿Cómo es tu nuevo maestro? No lo conozco

personalmente pero sé que es antipático.

MARÍA: ¡Ay! Consuelo, no es verdad. Sabe mucho de química y sabe explicarla

para que todos la entendamos. Tiene mucha paciencia y nos escucha y nos

ayuda con los problemas. Es más. A veces, cuando necesita tomar una

decisión, pide nuestra opinión.

CONSUELO: ¡Oye, chica! No me digas que ahora te gusta tu clase de química.

MARÍA: ¿Sabes, Consuelo? Por primera vez no me levanto con miedo de ir a la

clase. Sí, en realidad, me gusta mucho la escuela. ¡Imagínate!

Lección 9

MARISA: Hola Elena, yo soy Marisa—tu guía estudiantil aquí en Nuevas Fronteras. Esta

noche te voy a dar un tour del instituto y voy a contestar tus preguntas. Los

consejeros de aquí son buenos, pero es importante que tú tengas una amiga

para contestar las preguntas sobre cosas prácticas de la vida estudiantil.

Vamos, primero quiero que veas el Centro de computación.

ELENA: ¡Me alegro mucho de que vayas a ser mi amiga y guía! Estoy tan nerviosa y

tengo muchas preguntas. Pero tengo miedo—no sé nada de computadoras.

MARISA: Es importante que veas el Centro de computación porque aquí también se

encuentran los tutores, si necesitas ayuda en alguna clase, y también está la

biblioteca. Recomiendo que pongas tu nombre en la lista de espera para una

clase de computación. Si te inscribes ahora, probablemente tengas un lugar en

la clase para el mes que viene. Aquí está la guardería para niños. ¿Tienes

hijos?

ELENA: No, no tengo hijos, ni esposo, ni novio. No conozco a nadie aquí en esta

ciudad excepto a mis hermanos.

MARISA: Pues, Elena. Si no tienes esposo ni novio ni amigos aquí, sugiero que te

inscribas en dos clases de computación.

ELENA: ¿Dos? ¿Por qué?

MARISA: Porque los asistentes del laboratorio de computación son muy guapos y es

posible que sean buenos amigos.

Lección 10

ESTEBAN: Margarita, ¿qué te pasó? Estás muy triste.

MARGARITA: ¡Ay, Esteban! No sé qué voy a hacer. Esta mañana recibí una carta con muy malas noticias.

ESTEBAN: ¿Qué dijo la carta?

MARGARITA: Era una carta de mi tío—el que me pagó la matrícula este semestre. Dijo que lo sentía mucho pero tiene un problema médico que requiere todo su dinero. No puede pagar los gastos de la universidad el semestre que viene. Voy a tener que dejar la escuela y buscar trabajo.

ESTEBAN: ¡Imposible! No puedes abandonar los estudios. Eres la mejor estudiante de nuestra clase. Mira. Antes de solicitar admisión a la universidad, yo también pensé que no podía pagar los gastos. Entonces, un consejero me ayudó a investigar becas y préstamos. Para una persona con tu talento, hay dinero.

MARGARITA: No sé ni dónde empezar a buscar dinero.

ESTEBAN: Primero, yo investigué oportunidades para obtener ayuda financiera federal por Internet. También empecé a solicitar becas del Estado y de fundaciones particulares. Mi abuelo es miembro de un grupo fraternal que ofrece muchas becas. Solicité fondos de ellos. Recibí becas para pagar el 90% de mis gastos. Pedí oportunidades para participar en el programa federal de Trabajo-Estudio y me dieron un empleo. No tuve que pedir ni un centavo en préstamos. Vamos a hablar con la directora de ayuda económica en este momento… Vamos.

Lección 11

MARÍA PATRICIA: Hola, Edith. ¿Qué estás haciendo?

EDITH: No hacía nada en particular. Miraba una película por la tele. Pero estoy aburrida. ¿Qué tal?

MARÍA PATRICIA: Pues, estoy un poco nostálgica y tengo un problemita. No tenía nada que hacer hoy y decidí volver a mi viejo barrio—donde yo nací—para ver mi casa, la escuela y visitar a algunos amigos.

EDITH: ¡Qué emoción! ¿Qué tal? ¿Había muchos cambios?

MARÍA PATRICIA: Sí, y no. En mi memoria, las casas eran más grandes, la escuela era mucho más grande y los vecinos eran más jóvenes. Pero, en realidad, había pocos cambios.

EDITH: Entonces, ¿viste a algunos amigos y vecinos?

MARÍA PATRICIA: Fui a la dulcería donde siempre íbamos mis amigos y yo después de la escuela. ¡Qué sorpresa! Los dueños—los llamábamos Tío Jorge y Tía Yolanda—todavía estaban allí. Y—no lo vas a creer—¡me reconocieron! Todos llorábamos y recordábamos el pasado. Me invitaron a comer para la semana que viene con algunos de los amigos que todavía viven allí. Les dije que yo iba a preparar los tamales famosos de mi abuela.

EDITH: Nunca me dijiste que sabías preparar tamales.

MARÍA PATRICIA: Porque yo no sé nada sobre tamales. ¿No tienes tú una prima que sabe cocinar?

TESTING PROGRAM

I. A escuchar

A. Conversaciones. Listen to the following spoken lines and select the most logical response.

1.   a. viernes

       b. lunes

       c. jueves

2.   a. Igualmente.

       b. Gracias.

       c. Adiós.

3.   a. Hasta mañana.

       b. Sí, trabajo los sábados.

       c. Es el ocho de noviembre.

4.   a. doce

       b. diez y ocho

       c. treinta y uno

5.   a. Muy bien.

       b. Nosotros

       c. Adiós.

B. ¿Cuál es? Match the items you hear with a logical choice from the items below.

       a. Hola.

       b. El dos de diciembre.

       c. Regular.

d. De nada.

e. Con permiso.

A practicar

II. Vocabulario

A. A escoger. Choose the correct answer to respond to each one of the following questions.

1. Which subject pronoun would you use when talking about two parents?

    a. Ud.

    b. Uds.

    c. ellos

2. Which subject pronoun would you use when talking to two administrators?

    a. Ud.

    b. Uds.

    c. ellos

3. Which subject pronoun would you use when talking about yourself and a friend?

    a. yo

    b. ella

    c. nosotros/as

4. Which of the following describes the word "tú"?

    a. formal

    b. informal

    c. plural

5. If you just bumped into a colleague behind the desk, what would you say?

    a. Gracias.

    b. Con permiso.

    c. Perdón.

B. A conversar. Choose the correct answer to each one of the following questions.

1. ¿Cómo saludamos a un amigo a las tres de la tarde?

    a. Buenos días.

    b. Buenas tardes.

    c. Buenas noches.

2. ¿Cómo está Ud.?

    a. Muy bien.

    b. Hasta luego.

    c. Igualmente.

3. ¿Cuál es la fecha de hoy?

    a. Son las diez.

    b. No hay clase los martes.

    c. Es el veinte de enero.

4. ¿Cuántos días hay en una semana?

    a. treinta

    b. siete

    c. los cognados

5. ¿Qué día es hoy?

    a. Es lunes.

    b. Es domingo.

    c. Es miércoles.

C. A contestar. Answer the following questions in Spanish.

1. ¿Cómo se llama Ud.?

    _____

2. ¿Cómo está Ud.?

    _____

3. ¿Cuál es la fecha de hoy?

    _____

4. ¿Qué día es hoy?

    _____

5. ¿Cuántos son quince y seis?

    _____

IV. A leer

Especial para estudiantes:
Incluye:
- Examen oral completo
- Todos los rayos X necesarios
- Diagnóstico y consulta individual

$10 (tarifa normal $50)
Pacientes nuevos solamente hasta 12 años de edad
Horario: De lunes a viernes de las 8 a las 5
Oferta vence el 31 de agosto de 2005

A. A comprender. Read the advertisement and then decide if these statements are **Cierto** or **Falso.**

1. _____ El examen dental es para estudiantes.

2. _____ El costo incluye los rayos X.

3. _____ La oferta es para pacientes nuevos solamente.

4. _____ La oficina está abierta los domingos.

5. _____ Es posible ver al dentista a las siete de la tarde.

B. A escribir. When you go back to school, you need a medical check-up, as well as a dental check-up. Write an ad for a doctor's office listing the days and hours the office is open and the price.

_____

_____

_____

_____

_____

_____

Tapescript for *A escuchar* A

1. Hoy es miércoles. ¿Qué día es mañana?

2. Mucho gusto.

3. ¿Trabajas los sábados?

4. ¿Cuántos son catorce y cuatro?

5. Buenas noches.

Tapescript for *A escuchar* B

6. Perdón.

7. Gracias.

8. Buenos días.

9. ¿Cuál es la fecha de hoy?

10. ¿Cómo está Ud.?

I. A escuchar

A. Conversaciones. Listen to the following questions and select the most logical answer.

1.   a. Son las nueve.

         b. A las once.

         c. 842-0906.

2.   a. Es la una.

         b. A las tres.

         c. 459 Calle Real.

3.   a. El señor Peralta.

         b. En su oficina.

         c. La señora Gómez.

4.   a. Sí, por favor con su certificado de inmunizaciones.

         b. No, no tengo foto.

         c. A sus órdenes.

B. La solicitud de inscripción. Complete the blanks on the school application.

Apellidos_____

Nombre_____

Edad_____   Fecha de nacimiento_____

Domicilio _____

Teléfono de casa_____

A practicar

II. Vocabulario

A. A completar. Complete the following student information form with your personal information.

Apellido(s)_____ Nombre_____ Sexo_____

Edad_____ Fecha de nacimiento_____

Dirección_____ Teléfono de casa_____

En caso de emergencia llame a:

Nombre _____ Relación con el estudiante _____

B. A trabajar. Identify the job title described here.

1. un profesor de niños _____

2. un niño que estudia _____

3. un administrador de una escuela _____

4. un/a asistente administrativo/a _____

5. una persona que contesta el teléfono y "recibe" a los clientes _____

C. A nombrar. Identify these places found in a school.

1. el sitio para comer un sandwich _____

2. un salón con muchos libros _____

3. dos lugares donde practicamos deportes: 1. _____ y 2. _____

4. donde trabaja el director _____

III. Gramática

A. En la escuela. Fill in the correct form of the verb **ser** in the present tense.

En la oficina de la Directora, yo 1._____ recepcionista y contesto las

llamadas telefónicas. Ella 2._____ una jefa excelente. Ustedes

3._____ recepcionistas y trabajan mucho. Tú, Elenita, 4._____

una de mis estudiantes favoritas.

B. Los estudiantes. Write the correct form of the indicated adjective.

La primera estudiante es 1._____ (extrovertido) y tiene un buen sentido del

humor. El otro estudiante es 2._____ (serio). Los dos estudiantes son

3._____ (inteligente) y 4. _____ (trabajador). Es una clase

5._____. (interesante)

C. En la oficina. Fill in the correct form of the definite article.

En 1._____ oficina usamos 2._____ teléfono, 3._____ computadoras y 4._____

copiadoras para reproducir 5. _____ problemas de matemáticas.

D. Preguntas. Write the appropriate question word.

1. ¿_____ es la cita?   Es el 12 de mayo.

2. ¿_____ está la escuela?   En Santa Barbara.

3. ¿_____ es el director?   El Sr. Peralta.

4. ¿_____ es necesario llamar?   Porque el director quiere verificar la hora.

IV. A Leer

Solicitamos empleados bilingües.
Somos un distrito escolar multi-
cultural con más de veinte escuelas. Si usted es bilingüe
(español/inglés), simpático y
trabajador y desea un futuro en
la profesión de la
educación, llame el número
(800) 555-9900 para hacer una
cita.
No se necesita experiencia.

A. A comprender. Read the advertisement and then decide if these statements are **Cierto**
or **Falso.**

1. _____ Solicitan empleados que hablen francés.

2. _____ Hay escuelas en más de 30 ciudades exóticas.

3. _____ Las personas no necesitan experiencia.

4. _____ Las personas tienen que ser antipáticos y perezosos.

5. _____ El empleo es para trabajar en una escuela.

B. A escribir. Write one or two sentences in Spanish explaining this ad in your own words.

_____

_____

_____

_____

_____

Tapescript for *A escuchar* A

1. ¿Qué hora es?

2. ¿A qué hora es su cita?

3. ¿Dónde está el director?

4. ¿Necesita Ud. el acta de nacimiento?

Tapescript for *A escuchar* B

Me llamo Roberto Gómez. Tengo 9 años. Soy estudiante. Mi fecha de nacimiento es el 30

de marzo. El teléfono de mi casa es 315-0611. Mi domicilio es número 9 Avenida

Ventura en Las Vegas, Nevada.

Examen: Lección 2   Nombre_____

I. A escuchar

A. Conversaciones. Listen to the following activities and select the problem they are

meant to resolve.

a. tengo frío   b. tengo calor   c. tengo hambre   d. tengo sueño   e. tengo sed

1. _____

2. _____

3. _____

4. _____

B. A contestar. Answer the following questions in Spanish with complete sentences.

1. _____

2. _____

3. _____

A practicar

II. Vocabulario

    A. A completar. Fill in the blanks with the word/s that best answers the following

    descriptions. For some, there may be more than one possibility.

    1. Cuando los niños comen galletas y beben leche, es la hora de _____.

    2. La _____ es la práctica de las lecciones que los niños hacen en casa.

    3. El fútbol y el voleibol son ejemplos de los _____.

    4. En la clase del _____, miramos y pintamos los dibujos.

    5. Preparamos la comida en la _____.

B. Acciones. Tell what activities you would do in the following places, situations or with the following things. Use the **yo** form of the verb.

1. En McDonald's yo _____.

2. Con mi teléfono, yo _____.

3. Yo _____ agua.

4. Cuando leo mis lecciones y preparo la tarea, yo _____.

5. Yo _____ la televisión.

III. Gramática

A. El verbo <u>estar</u> y los adjetivos. Write the correct form of the verb **estar** in the present tense along with the appropriate form of the indicated adjective.

Mi director y yo 1. _____ _____(triste) por que uno de los estudiantes de nuestra escuela 2. _____ _____(enfermo). Su madre 3._____ _____ (preocupado) porque él normalmente es un niño muy activo y feliz. 4. Pero todos nosotros _____ _____ (nervioso) hoy porque esperamos las noticias del hospital. Los otros estudiantes de su clase, sus amigos, 5. _____ _____ (listo) para ayudar.

B. Los verbos de -ar, -er, -ir. Write the correct form of the verb in the present.

En la oficina, una señorita le pregunta a la recepcionista, "¿Ustedes 1. _____ (recibir) niños de otros países si no hablan inglés?" En la sala de espera, hay un padre que no 2._____ (comprender) la situación. Las recepcionistas 3._____ (ver) la lista de citas de hoy. 4. Las secretarias _____ (buscar) los números de teléfono. La directora 5. _____ (preparar) la información para los nuevos estudiantes. La recepcionista 6. _____ (recibir) una llamada. Ella 7.

_____ (contestar) inmediatamente. Después de una lección difícil, los

estudiantes 8._____ (correr) en el patio de recreo para aliviar la tensión. Otro

maestro y yo 9. _____ (tomar) un café. Él me pregunta, "¿A qué hora 10.

_____ (regresar) tú a tu clase?"

C. Expresiones con tener. Write the correct form of the verb **tener** in the present and

an expression to logically finish each sentence.

1. Yo necesito un vaso de agua. Yo…

2. Marisa ve un monstruo en su dormitorio. Ella…

3. Son las 10 de la mañana. Tengo una clase a las 10:15 pero hay mucho tráfico.

   Yo….

4. Tengo que terminar esta tarea para mañana. Ahora son las 4 de la mañana y yo…

5. Mis amigos van a la pizzería. Ellos…

D. A contestar. Answer each question in Spanish with a complete sentence.

1. ¿Está contento/a con su vida?

   _____

2. ¿Qué come Ud. en la mañana?.

   _____

3. ¿Tiene usted miedo si mira un programa de televisión de horror?

   _____

4. ¿Tienes hambre en este momento?

   _____

5. ¿Vives en una casa o en un apartamento?

   _____

IV. A leer

¡El mundo del niño!: Programa del verano para los niños de edades 4–12 años.

Cada verano la escuela El mundo del niño ofrece programas y actividades para todos los niños a base de estos objetivos:

• Animar la creatividad personal
• Ayudar el desarrollo académico y atlético
• Crear oportunidades para explorar el mundo natural, artístico y social de nuestra ciudad

Costos: $120 por semana o $26 por día. Hay un costo preliminar de $25 por la matricula.

¡Es una Aventura Excelente!

A. A comprender. Read the brochure and then decide if these statements are **Cierto (C)** or

Falso (F).

1. _____ Esta escuela se llama Aventura Excelente.

2. _____ Es un programa para el invierno.

3. _____ Los niños de 3 años pueden participar.

4. _____ No hay actividades académicas.

5. _____ El costo es doscientos dólares por semana.

A escribir. Write two sentences in Spanish explaining this article about a summer

program for kids.

_____

_____

_____

Tapescript for *A escuchar* A

1. Bebo mucha agua.

2. Necesito un suéter.

3. Como en McDonald's.

4. Necesito más aire acondicionado

Tapescript for *A escuchar* B

1. ¿Cuáles son dos actividades importantes en una clase de música?

2. ¿Vive usted en una casa o apartamento?

3. ¿Te gusta el maestro?

Examen: Lección 3   Nombre_____

I. A escuchar

A. Un accidente. Listen to the following phone call from the school secretary and answer the following questions.

1. ¿Cómo se llama la secretaria?

   a. Raúl

   b. Matilde

   c. Roberto

2. ¿Por qué llama Matilde?

   a. Raúl tuvo un accidente.

   b. Es su cumpleaños.

   c. Para conversar.

3. ¿Qué está haciendo el niño?

   a. Está jugando.

   b. Está llorando.

   c. Está hablando por teléfono.

4. ¿Quiénes están con el niño?

   a. la madre

   b. la enfermera y la directora

   c. la secretaria

B. A contestar. Answer the following questions in Spanish with complete sentences.

1._____

2._____

3._____

A practicar

II. Vocabulario

A. A completar. Fill in the blanks with the word/s that best complete the idea. For some,

there may be more than one possibility.

1. Dos equipos del patio de recreo son _____ y _____.

2. Dos juegos del patio de recreo son _____ y _____.

3. La madre de mi madre es mi _____.

4. Mi hijo tiene una temperatura elevada. Esto quiere decir que él tiene una _____.

5. La _____ y el _____ son dos ejemplos de enfermedades peligrosas para

los niños.

B. Definiciones. Write the definition of each of the following words or phrases or use it

in a sentence that demonstrates the meaning.

1. enfermera

2. los nietos

3. la sangre

4. llorar

5. la tía

III. Gramática

A. En el consultorio. Write the present progressive form of the verb.

Nosotros 1._____ _____(esperar) al médico. Él

2._____ _____(hablar) con la enfermera. Yo

3._____ _____(leer) la revista "Highlights" a mis hijos

enfermos. Una recepcionista 4._____ _____(poner) mensajes

en la oficina del médico. En la sala de espera, los niños enfermos no 5._____

_____(hacer) ruido (*noise*).

B. Ser vs. **estar.** Provide the correct present tense form of **ser** or **estar.**

Yo 1._____ María Elena Cervantes y 2. _____ de Madrid. En

este momento, 3. _____ en la sala de espera de un hospital con otros

miembros de la familia. 4. Nosotros _____ esperando noticias sobre la

condición de mi sobrino. Los enfermeros 5._____ simpáticos y eficientes,

pero nosotros, en este momento 6._____ cansados, nerviosos y preocupados.

Aquí viene el médico con un anuncio. Él nos dice: "Buenas noticias, señores: el niño 7.

_____ listo para ir a casa. No tiene nada serio."

C. ¿Adónde vamos? We're organizing our agenda for the day. Fill in the correct form of

ir in the present tense.

Nosotros 1._____al patio de recreo, pero tú 2._____ al centro de

salud para esperar a la enfermera. Yo 3._____ a la oficina del director antes

de regresar a casa y los maestros 4. _____ a una reunión.

D. ¿Qué van a hacer? Answer each of the following questions in Spanish with a

complete sentence, using **ir + a + infinitive.**

1. ¿Qué vas a hacer después de clase?_____

2. En la fantasía, ¿Adónde va usted a viajar? _____

E. La rutina diaria. Provide the correct form of the verb in the present tense.

1._____(salir) para la escuela a las ocho. Primero, yo 2.

_____(hacer) café y lo 3. _____ (traer) a

a la directora. Estamos muy ocupados todo el día. Unos maestros no hablan español, pero muchos estudiantes y sus familias, sí. El intérprete 4._____

(traducir) las preguntas de los padres. Yo 5. _____ (saber) que los

maestros necesitan aprender español y que ellos están tomando clases cada semana.

Mientras los estudiantes 6._____ (poner) los papeles en el

escritorio, ellos 7. _____(oír) música suave. Así termina otro día.

IV. A leer

Para los niños enfermos

La Asociación para el cuidado del niño quiere anunciar un nuevo servicio experimental:

el cuidado de niños enfermos en su casa.

Cuando un niño está enfermo y no puede asistir a la escuela o a la guardería, una persona certificada en el cuidado del niño va a la casa del niño para cuidarlo cuando los padres estudian o trabajan. El costo a la familia es $1.00 por hora. La Asociación va a pagar los otros costos de $11.00 la hora.

Los niños que tienen menos de 13 años son elegibles para participar en el programa.

Para más información sobre la elegibilidad, llame a Maritza al número 555-3322

A. Cierto o falso. Read the above article and then decide if each of these statements is

Cierto (C) or **Falso (F).** If the statement is false, rewrite it to make it true.

_____1. Hay un nuevo servicio para estudiantes que tienen más de 13 años.

_____2. Si un estudiante enfermo no puede ir a la escuela o guardería, viene a la casa una

persona para cuidarlo.

_____3. La familia tiene que pagar $12.00 por el servicio.

_____4. El programa es un experimento.

_____ 5. Maritza es la persona certificada que cuida a los niños enfermos.

B. A escribir. Write a two sentence summary of this article using your own words.

_____

_____

_____

_____

Tapescript for *A escuchar* A

[Sound of phone ringing]

Bueno, Sra. Torres. Yo soy Matilde, la secretaria de la escuela Jefferson Park. Llamo porque su hijo Raúl tuvo un accidente en el patio de recreo esta mañana. Está llorando mucho y está preguntando por su mamá. La directora y la enfermera están con él ahora. No es nada serio: no hay contusión ni fractura. Pero él tiene miedo. La enfermera dice que está bien si Raúl regresa a casa y pasa el día descansando. ¿Usted puede estar aquí en diez minutos? ¡Excelente! La Directora está esperando en su oficina para llevarla al Centro de salud donde estamos observando a Raúl.

Tapescript for *A escuchar* B

1. ¿Está usted enfermo ahora?

2. ¿Cuáles son dos síntomas del sarampión?

3. ¿Adónde va si usted está muy enfermo?

Examen: Lección 4   Nombre_____

I. A escuchar

A. Conversaciones. Listen to the following 2 dialogues and indicate which one is better service to the student (**mejor**), and which one is worse (**peor**).

1._____

2._____

B. A contester. Answer the questions you hear with complete sentences in Spanish.

1._____

2._____

3._____

A practicar

II. Vocabulario.

A. A completar. Fill in the blanks with the letter of the word that best fits the descriptions given in the following sentences.

a. califición   b. premio   c. asamblea   d. comportamiento   e. discapacidad

f. ánimo   g. pensar   h. prueba   i. certificado   j.ceguera   k. sordera

l. lenguaje de signos

　　1. ____ un modo de comunicación que requiere el uso de las manos

　　2. ____ entusiasmo; el deseo de seguir trabajando; motivación

　　3. ____ una evaluación o examen

　　4. ____ la manera de actuar en un grupo o comunidad

　　5. ____ un papel oficial que confirma el éxito (*success*) de algún esfuerzo

　　6. ____ impedimento visual

7. ___ una reunión de mucha gente para mirar una ceremonia u otro evento

8. ___ reconocimiento o recompensa oficial por un mérito o servicio

9. ___ un impedimento auditivo

10. ___ la actividad que requiere el uso de la imaginación y la memoria para formar ideas

III. La gramática

A. ¿De quién es? Provide the correct possessive adjective to match the person/s indicated in the sentence.

1. Es el padre de **Ángela**. Es _____ coche.

2. **Nosotros** tenemos un libro de español. _____ libro es excelente.

3. **Mi hijo** estudia mucho. _____ notas son excelentes ahora.

4. **Yo** tengo dos hijos. _____ hijos son altos.

5. **Los señores** piden ayuda para su hijo. _____ hijo tiene una discapacidad física.

6. Es la boleta de calificaciones de **un hombre famoso**. _____ notas no son buenas.

B. Los verbos irregulares. Provide the correct form of the verb in the present tense as you complete this conversation between two parents and a teacher.

1. MAESTRO: ¿_____ (Poder-yo) ayudarlos, señores?

2. PADRES: Nosotros _____ (querer) hablarle de nuestro hijo, Paquito.

3. MAESTRO: Claro. Está bien. ¿_____ (Tener) él algún problema?

4. MADRE: _____ (Pensar-yo) que tiene problemas de comportamiento en la casa. Queremos saber cómo está en la escuela.

5. MAESTRO: ¿_____ (Preferir) ustedes hablar aquí o en el salón?

6. PADRES: _____ (Preferir-nosotros) ir al salón, por favor.

C. Los comparativos. Some of you are discussing different schools in your district during a lunch-time break. Make the appropriate comparisons of *more than, less than* or *the same as*, as indicated.

1. La escuela Mayo es moderna. La escuela Corona no es moderna.

2. La escuela Mayo tiene tres pisos. La escuela Corona tiene cinco pisos.

3. Hay 50 salones en la escuela Mayo. Hay 50 salones en la escuela Corona.

4. La escuela Mayo tiene muchas ventanas. La escuela Corona tiene muchas ventanas, también.

5. La escuela Mayo es buena. La escuela Corona es excelente.

IV. A leer

Estudiante organizado—notas altas
La trasformación de técnicas para estudiar
en altas calificaciones

Estimados Padres:

¿Están ustedes frustrados porque saben que su hijo o hija es inteligente, pero no está sacando buenas notas? ¿Saben ustedes que su hijo o hija es muy capaz, pero nunca tiene éxito en los estudios? ¿Quieren ayudar a su estudiante a sacar mejores notas, pero no saben qué hacer? Nosotros tenemos un sistema de aprendizaje que consta de cinco técnicas básicas que transforman a cualquier niño en "super-estudiante".
Aquí hay algunos de los temas que su hijo a va a estudiar:

- Actitud positiva
- Organización del tiempo
- Motivación
- Técnicas para tomar notas
- Técnicas para estudiar
- …y mucho, mucho más

Este sistema da instrucciones detalladas para incorporar estas técnicas en la vida diaria de su hijo. ¡Llámenos hoy para más detalles y costos y empiece a ver calificaciones superiores mañana!

A. Cierto o falso. Read the above advertisement and then decide if each of these statements is **Cierto (C)** or **Falso (F)** according to the claims made.

1. _____ El anuncio es para padres frustrados.

2. _____ Para usar este servicio, los hijos tienen que ser estudiantes superiores.

3. _____ Este sistema promete mejores calificaciones.

4. _____ Los estudiantes van a aprender a organizar su tiempo.

5. _____ El sistema de estudio es gratis.

B. A escribir. Write a brief summary (three to five lines) in your own words of what this ad is about.

_____

_____

_____

_____

_____

Tapescript for *A escuchar* A

1. RECEPCIONISTA: Me llamo Marta. ¿Cuál es su problema? Un momento, tengo otra

llamada. ¿Puede usted esperar un momento? Gracias.

MADRE: Pues…

(momentos después)

RECEPCIONISTA: Llame más tarde, por favor.

2. RECEPCIONISTA: Buenas tardes, Escuela Corona. Me llamo José. ¿En qué puedo

servirle?

MADRE: Creo que mi hijo tiene un problema de aprendizaje. ¿Puedo

hablar con la directora?

RECEPCIONISTA: Lo siento mucho, pero la directora está en una reunión en el

distrito. Pero esto es importante. ¿Quiere hablar con la consejera?

MADRE: Sí, muchas gracias. Estoy preocupada y es importante hablar con

alguien.

Tapescript for *A escuchar* B

1. ¿Qué piensa usted hacer después de esta clase?

2. ¿Prefieren ustedes estudiar para un examen o mirar la televisión? ¿Por qué?

3. ¿Por qué es importante tomar exámenes?

Nombre_____

I. A escuchar

A. Consejos por teléfono. Listen to the following conversation between a hot-line counselor and a worried parent and answer the following questions.

1. ¿Qué busca el padre?

    a. Información sobre pandillas.

    b. Información sobre drogas.

    c. El número de teléfono del consejero.

2. ¿Cómo sabe el padre que su hijo piensa unirse a una pandilla?

    a. Lo escuchó por teléfono.

    b. Está en el periódico.

    c. Habla con los amigos de su hijo.

3. ¿Por qué necesita esperar el padre?

    a. El consejero tiene que comer.

    b. El consejero tiene que hablar con su amigo.

    c. El consejero tiene que buscar un número de teléfono para el padre.

4. ¿De quién es el número de teléfono?

    a. De su hijo.

    b. De los expertos en pandillas.

    c. De los amigos del hijo.

5. ¿Qué debe hacer inmediatamente el padre?

    a. Hablar con los maestros del hijo.

    b. Ir al parque.

    c. Llamar el número de teléfono y hacer cita con los expertos.

B. A contestar. Answer the following questions in Spanish with complete sentences.

1._____

2._____

3._____

4._____

A practicar

II. Vocabulario.
   A. A completer.
   Fill in the blanks with the letter of the word that best completes the idea.

   a. pandilla   b. paz   c. amenaza   d. simulacro   e. bombero

   1. ___ la ausencia de la violencia

   2. ___ un profesional que controla los incendios

   3. ___ práctica para una emergencia verdadera

   4. ___ un grupo de jóvenes que defiende su territorio—a veces con la violencia

   5. ___ indicación hostil de un acto violento

   B. Contrarios. Match these opposite concepts.

   1. ___ la paz   a. club

   2. ___ elogio   b. seguridad

   3. ___ pandilla   c. insulto

   4. ___ peligro   d. rivalidad

   5. ___ alianza   e. la violencia

III. Gramática

A. El estudiante nervioso. You have a student who would like to start a technology club, but oh no!—he's afraid of technology. Help him put his first computer together by forming commands for the following verbs in the **tú** form.

Pablito, todo va a salir bien. Primero, 1. _____ (abrir) las cajas con las computadoras y 2. _____ (sacar) los componentes. Ahora, 3. _____ (buscar) los números de identificación. 4. _____ (escribir) los números en la tarjeta de registro antes de conectar la computadora. 5. _____ (poner) la tarjeta en un lugar seguro hasta más tarde. 6. _____ (conectar) los cables del mismo color. 7. Después de prender la computadora, _____ (leer) las instrucciones en el monitor. 8. _____ (jugar) con tu nueva computadora y luego 9. _____ (hacer) los anuncios para el club.

B. ¡No hagas eso! You hate to be negative, but you do have a student who frequently has to be told "no". Answer his requests for permission with negative **tú** commands.

1. ¿**Peleo** con los otros estudiantes?   ¡No _____ tú!

2. ¿**Amenazo** a los maestros?   ¡No _____ a los maestros!

3. ¿**Busco** una navaja?   ¡No _____ una navaja!

4. ¿**Fumo** cosas ilegales?   ¡No _____ cosas ilegales!

5. ¿**Traigo** una pistola?   ¡No _____ una pistola!

C. Mandatos para una emergencia. Use commands in the **ustedes** form to tell the students what to do or not to do in this school emergency.

1. Niños, hay una emergencia en la escuela. ¡_____ (escuchar) con cuidado! 2. _____ (buscar) las chaquetas y 3._____ (ir) directamente a la puerta. 4. _____ (esperar) más instrucciones allí. No 5. _____ (hablar), por favor. Y no (6)_____ (tener) miedo. Todo va a salir bien.

D. Afirmativo⇒negativo. Now, you have to work with Mr. Negativo—a colleague who *always* anticipates the worst case scenario. Disagree with all of these statements.

1. **Alguien** peligroso está en la sala de espera.

2. La señora Limón **siempre** amenaza a los estudiantes.

3. Hay **algo** serio en la cafetería.

4. La policía **tampoco** puede ayudar.

5. Probablemente hay **algunas** bombas en los baños.

IV. A leer

> ### Guía para padres en caso de una emergencia en la escuela:
>
> Sabemos que su hijo es para usted la persona más importante del mundo. Por eso, lo que aquí recomendamos no va a ser fácil para los padres. Pero nosotros tenemos que insistir en que todos sigan estas instrucciones en caso de emergencia.
>
> 1. No venga a la escuela. Si hay un problema serio, las agencias públicas van a cerrar las calles para facilitar el trabajo de los vehículos de emergencia.
> 2. No llame a la escuela. En una emergencia vamos a necesitar mantener abiertas todas las líneas posibles.
> 3. Quédese en su casa para esperar nuestras instrucciones.
> 4. Ponga el radio en la emisora WWADO AM 1130. Ésta es la emisora oficial en caso de emergencia. Nosotros podemos darles noticias e instrucciones por radio.
> 5. Por favor, no llame a la emisora de radio ni venga hasta que reciba nuestras instrucciones de venir.

A. Cierto o falso. Read the above brochure on school emergencies and then decide if each of these statements is **Cierto (C)** or **Falso (F).**

1. _____ Los padres deben venir inmediatamente a la escuela.

2. _____ Es importante quedarse en casa.

3. _____ Mire la televisión para saber las noticias.

4. _____ Para mantener abiertas las líneas de teléfono, es importante que todos los

    padres llamen a la escuela.

5. _____ Los padres deben esperar instrucciones por radio.

B. A escribir. Prepare a four-point summary of what the school would like the

parents to do in case of emergency.

_____

_____

_____

_____

_____

_____

Tapescript for *A escuchar* A

CONSEJERO: Línea de ayuda. ¿En qué puedo ayudarlo?

PADRE: Señor, yo llamo porque estoy preocupado por mi hijo. Creo que está pensando iniciarse en una pandilla y no sé qué hacer para ayudarlo. Necesito información sobre las pandillas y consejos para mi hijo.

CONSEJERO: Gracias, señor, por llamar. Necesitamos más padres como usted— interesados en la seguridad de los jóvenes. ¿Por qué piensa que quiere ser miembro de una pandilla?

PADRE: Tengo muy buenas relaciones con unos de sus amigos que también están preocupados. Ellos me hablan mucho...

CONSEJERO: Probablemente es verdad. Si usted puede esperar un momento, yo voy a buscar el número de teléfono de un grupo de expertos en las pandillas. Llame el número y pida cita para hablar con ellos inmediatamente. Usted no está solo. Podemos ayudar.

Tapescript for *A escuchar* B

1. ¿Qué le dice usted a un estudiante que piensa iniciarse en una pandilla?

2. ¿Cuál es una agencia pública que mantiene la paz en una comunidad?

3. Si hay un incendio en la escuela, ¿qué hace usted primero?

4. ¿Hay alguien en la clase de español con una pistola?

I. A escuchar

A. **¿Necesita ayuda?** Listen to the following situations, then select the appropriate office referral from the group given.

1. Oficina de registro   385-1885

2. La oficina de evaluaciones   385-1224

3. El centro de salud   385-1442

4. La oficina de asistencia   385-6114

5. Servicios para estudiantes discapacitados   385-6727

B. **La clase de Lisa.** Listen to the passage and then decide if these statements are **Cierto** or **Falso.** If the statement is **Cierto**, the answer is "A". If it is **Falso**, mark "B".

6. Lisa tiene 7 años.

7. A Lisa, no le gusta la escuela.

8. Los maestros anuncian que la clase va al Parque Zoológico.

9. Lisa tiene miedo de los animales.

10. Toda la clase grita: ¡Usted no tiene tigres!

II. A leer

A. Permiso para ir en una excursión.

Menlo Park Elementary School
555-3254

Estimados padres de familia,

Los estudiantes de la Sra. Miller y el Sr. Arenas tienen la oportunidad de participar en una excursión educativa al Parque Zoológico el 4 de mayo de 2005. Nosotros arreglamos el transporte de los niños al Parque Zoológico en un autobús escolar del distrito y proveemos el almuerzo. Si su hijo quiere comprar un refresco o merienda, puede traer $1.00. Debe vestirse el uniforme de Menlo Park y llegar a la escuela a la hora normal. Los niños regresarán a la escuela antes de las dos para poder salir a la hora normal también. Como siempre, buscamos a algunos de ustedes, los padres, con tiempo disponible, para acompañarnos.
 Si tiene su permiso para participar también, favor de llenar el permiso y mandarlo a los maestros tan pronto como sea posible.

Atentamente,
Sra. Miller y Sr. Arenas

Mi hijo _____ tiene mi permiso para ir con su clase al Parque Zoológico el 4 de mayo desde las 9:30 de la mañana hasta las 2 de la tarde.
Yo (marque uno) __**puedo** __**no puedo** acompañar a la clase como voluntario.
Firma del padre _____
Fecha _____
Teléfono _____
Teléfono de emergencia _____

Cierto o falso. Read the above passage and then decide if each of these statements is

Cierto or **Falso**. If the statement is **Cierto**, the answer is "A". If it is **Falso**, mark "B".

11.   La excursión va al Museo Natural.

12.   Es necesario que los padres paguen el transporte.

13.   Los niños deben llevar su uniforme normal.

14.   El plan incluye el almuerzo, los refrescos y las meriendas.

15.   El día termina a la hora normal.

B. La disciplina en Corona Elementary

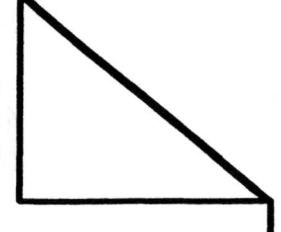

Las reglas de Corona quedan anunciadas en la oficina de la escuela y en cada salón de clase a fin de guiar a nuestros estudiantes hacia una positiva y productiva experiencia de aprendizaje cada día. Es nuestra expectativa que las personas adultas modelen estas reglas y que los estudiantes cumplan con ellas:

• Cada día vengan a clase preparados para aprender
• Actúen de una manera segura y responsable
• Respeten y sean considerados de otros
• Exprese respeto hacia la propiedad escolar, la propiedad personal y la propiedad de otros.

La directora y el personal siempre buscan alternativas a la disciplina fuerte. Si el comportamiento de un estudiante interrumpe el proceso educacional, es amenazante contra la seguridad de otros, interfiere con los derechos de otros u obra contra la ley, se debe usar uno de los siguientes procedimientos:

1) Conferencia con los padres, director o autoridades apropiadas.

2) Restricción de privilegios: incluso el uso del patio de recreo, "tiempo aparte" de la clase, o suspensión interna.

3) Exclusión de la escuela, de acuerdo con Los Derechos y Responsabilidades del Distrito.

4) Notificación a las autoridades

© Reprinted with permission of the author.

A escoger. Choose the correct answer to complete the following sentences.

16. Las reglas de la escuela están _____.

    a. en la cocina

    b. en la oficina y cada clase

    c. obvios

17. La reglas de Corona tienen un intento _____.

    a. punitivo

    b. interesante

    c. positivo para asegurar una experiencia productiva

18. Se espera que los adultos _____.

    a. no vengan

    b. modelen el comportamiento deseado

    c. llamen a las autoridades automáticamente

19. El comportamiento de un estudiante se considera problemático si _____.

    a. es cómico

    b. amenaza la seguridad de otros

    c. está en el patio de recreo

20. Una "suspensión interna" quiere decir que el estudiante _____.

    a. asiste a la escuela pero no participa en la rutina normal

    b. no puede asistir a la escuela

    c. habla con las autoridades legales

A practicar

III. Vocabulario

A. A escoger. Choose the correct answer to complete the following sentences.

21. ¿Cómo saludamos a un niño a las diez de la mañana.

    a. Buenos días.

    b. Hasta mañana.

    c. Buenas noches.

22. Hoy es lunes. ¿Qué día es mañana?

    a. jueves

    b. viernes

    c. martes

23. El primer mes del año es _____.

    a. octubre

    b. enero

    c. diciembre

24. Ocho y catorce son _____.

    a. veintidós

    b. diecinueve

    c. treinta

26. ¿Qué hora es?

    a. A las once.

    b. Son las nueve.

    c. El siete de junio.

27. ¿Cuál es su dirección?

    a. 564-77-8192

    b. (347) 961-0905

    c. 67 Calle Real, Los Gatos CA 95133

28. ¿Cuál es su apellido?

    a. Señora

    b. Margarita

    c. García

29. Mi fecha de nacimiento es _____.

    a. a las dos

    b. el treinta de septiembre

    c. mi maestro

30. Un profesor para niños es _____.

    a. un maestro

    b. un portero

    c. un director

B. A emparejar. You need to teach the children what happens in some of the important places in the school. Match the following words in **Columna A** to the most logical description in **Columna B**.

Columna A	Columna B
31. la biblioteca	a. aquí trabajan la directora y la secretaria
32. la cafetería	b. aquí juegan los estudiantes
33. el patio de recreo	c. aquí hay muchos libros para los estudiantes
34. la oficina	d. aquí comen las galletas

C. Cierto o falso. You have a student that is full of misinformation. Read the following statements that she makes and declare whether each one is **Cierto** (A) or **Falso** (B).

35. Hay mucha risa. Los estudiantes están tristes.

36. La maestra de lenguaje enseña matemáticas

37. La bandera es roja, blanca y azul.

38. El coro ofrece música para los programas.

39. Si yo tengo sed, yo necesito dormir.

D. A escoger. Choose the correct answer to complete the following sentences.

40. Para tener la luz en la escuela necesito_____.

    a. la electricidad

    b. un refrigerador

    c. un teléfono

41. Los niños quieren una merienda.

    a. Tienen calor.

    b. Tienen sueño.

    c. Tienen hambre.

42. La acción de transmitir información por medio de pluma y papel: _____.

    a. beber

    b. escribir

    c. ver

43. Muchas escuelas requieren el uso de pantalones y camisas de ciertos colores. Los estudiantes llevan _____.

    a. creyones

    b. mochilas

    c. uniformes

44. Una situación que presenta riesgo de un accidente es un a _____.

    a. conserje

    b. peligro

    c. orquesta

E. Sí o no: A clueless friend has so many questions about your school. Answer the questions with **Sí (A)** or **No (B)**.

45. ¿Los columpios están en el patio de recreo?

46. ¿Los niños saltan la cuerda en la clase?

47. ¿La enfermera está en el centro de salud?

48. ¿Los niños lloran si están contentos?

F. A escoger.

49. En la escuela, la persona que cuida la salud de los niños es:

    a. el conserje

    b. la recepcionista

    c. la enfermera

50. En el patio de recreo, el monitor usa un _____ para llamar la atención de los niños.

    a. automóvil

    b. sube y baja

    c. pito

G. A emparejar. You again need to explain some words to a student who is learning Spanish. Match the following words in **Columna A** to the most logical description in **Columna B.**

Columna A	Columna B
51. los ojos	a. se usa para comer y hablar
52. las piernas	b. se usan para correr
53. la nariz	c. se usa para sentir fragancias y aromas
54. la boca	d. se usan para tocar las cosas y escribir
55. las manos	e. se usan para ver y leer

H. Cierto o falso. Your same misinformed student is back. Read the following statements that she makes and declare whether each one is **Cierto** (A) or **Falso** (B).

56. _____ La boleta de calificaciones indica mi progreso académico.

57. _____ La sordera implica que una persona no ve bien.

58. _____ La pandilla es un club intelectual en una escuela.

59. _____ Una pelea es un conflicto violento entre dos o más personas.

60. _____ Un simulacro es una práctica en caso de emergencia.

IV. Gramática

A. A escoger. Choose the correct answer to complete the following sentences.

61. ¿A qué hora es tu cita con el director?

    a. Son las dos.

    b. A las tres.

    c. El martes.

62. Yo _____ secretaria.

    a. eres

    b. soy

    c. es

63. _____ maestras son muy trabajadoras.

    a. Los

    b. La

    c. Las

64. El maestro tiene _____ libro especial para los estudiantes.

    a. un

    b. una

    c. la

65. La recepcionista es _____ .

    a. alto

    b. simpática

    c. jóvenes

66. ¿Quién es el Director de la escuela?

    a. En la oficina.

    b. Es muy inteligente.

    c. El señor muy alto.

67. El dinero es _____.

    a. rojo

    b. roja

    c. verde

68. Tú _____ español.

    a. hablo

    b. hablas

    c. hablamos

69. Él y yo no _____ las matemáticas.

    a. compreden

    b. comprendes

    c. comprendemos

70. Después de estudiar todo el día, yo _____ sueño.

    a. estoy

    b. tengo

    c. soy

B. Una historia. You and your co-worker opened up the school this morning. Choose the letter of the verb that best completes the exciting story.

a. va a llamar   b. está   c. sabe   d. estoy hablando   e. ponemos

Mi amiga y yo abrimos la escuela todos los días. Esta mañana yo 71._____ con el Director por teléfono. Mi amiga es una nueva empleada aquí y no 72._____ dónde poner las cosas. Ella y yo las 73._____ en su lugar después de terminar la llamada. El Director dice que 74._____ más tarde para verificar que todo va bien. Él 75._____ en una reunión en el Distrito.

C. La historia sigue. Your boss calls back to see how things are going and you're not happy with your friend's performance. Choose the letter of the comparison that best completes the sad story.

a. tantas   b. mejor   c. más   d. menos   e. tanto como

Ay, señor, estoy preocupada. Rosario no trabaja 76. _____ yo. Yo hago 77._____ que ella. Ella no tiene 78._____ responsabilidades como yo y trabaja 79. _____*(fewer)* horas que yo. Yo quiero más dinero porque yo soy 80._____ .

D. A escoger. Choose the correct answer to complete the following sentences.

81. El micrófono no sirve y yo no _____ bien en el auditorio.

    a. oigo

    b. traigo

    c. salgo

82. Los estudiantes _____ mucho a su maestro. Van a estar tristes si sale de la escuela.

    a. quieren

    b. conducen

    c. saben

83. Juan, debes buscar _____ libro de matemáticas.

    a. mis

    b. tu

    c. nuestra

84. ¿De quién es la mochila? ¿De Roberto?

    a. Sí, es de él.

    b. Sí, es de ella.

    c. Sí, es de Ud.

85. Una buena nota en comportamiento es _____.

    a. importantísima

    b. peligrosísimo

    c. mayor

86. Hay tres maestros aquí. El jóven está contento, la señora está más contenta y el señor está _____.

    a. la más contenta

    b. contentísmas

    c. el más contento

87. Juan, _____ aquí, por favor.

    a. ven

    b. viene

    c. vengo

88. El hombre tiene sed.

    a. Búsquele una refresco.

    b. Pónga la mesa, por favor.

c. Dígale adiós.

89. Hay una amenaza de bomba.

    a. Mantengan la calma y sigan las instrucciones.

    b. Estudien la tarea.

    c. Tomen la merienda.

90. En caso de emergencia...

    a. No les digan la verdad.

    b. Llame al 911 y evacúen.

    c. Lloren.

E. A emparejar. Match the following words in **Columna A** to the most logical sentence in **Columna B.**

Columna A	Columna B
91. puedo	a. El maestro_____ un programa educativo de la paz.
92. dicen	b. Nosotros _____ más información sobre la violencia.
93. pedimos	c. Los maestros _____ la verdad.
94. entienden	d. A veces los pandilleros no _____ las consecuencias de sus acciones.
95. recomienda	e. Yo no _____ comprender la ciencia. ¡Es dificilísima!

F. La emergencia. The faculty and staff are gathered in the cafeteria to hear the news about their future after the emergency. Select the appropriate word to complete each sentence.

a. nadie   b. alguien   c. también   d. algunos   e. ninguna

Todos los empleados están aquí. 96._____ maestros están sentados en una mesa.

No habla 97._____ porque todos están pensando en el futuro de su escuela después de los anuncios. Hay unos empleados esperando en el pasillo 98._____.

99._____ habla por teléfono celular. El Director les dice a sus empleados, "No les

voy a decir 100._____mentira *(lie)*. Tenemos problemas graves. Pero les aseguro

que todos los niños están seguros y por el momento todos tienen su empleo."

Tapescript for *A escuchar* A

1. Mi hijo estudia mucho pero saca malas notas. Está muy frustrado. ¿Con quién puedo hablar para pedir ayuda?

2. Creo que mi hija tiene sarampión—tiene problema con la vista, tiene fiebre y erupción en la piel.

3. Mi familia acaba de llegar a esta ciudad y quiero inscribir a mi hijo en la escuela.

4. Mi hija es ciega. Necesita servicios especiales.

5. Mis dos hijos están muy enfermos y no van a asistir a la escuela hoy.

Tapescript for *A escuchar* B

Hola, me llamo Lisa y tengo siete años. Ahora estoy en el segundo grado. Me gusta mucho la escuela porque allí tengo a muchos amigos y jugamos mucho en la clase y en el patio de recreo. Mi juego favorito es saltar la cuerda. También me gusta la escuela porque me gustan mucho mis dos maestros. La señora Miller es muy seria y exigente pero yo sé que nos quiere mucho. El señor Arenas es muy cómico e interesante. Hoy la clase está muy contenta porque los maestros anunciaron que vamos a hacer una excursión educativa al Parque Zoológico el mes que viene. ¡Me encantan los animales! Paquito está llorando—siempre está llorando—porque dice que los leones y tigres son peligrosos y él tiene mucho miedo. La señora Miller está hablando con él y diciendo que no hay peligro. Ella quiere saber si Paquito recuerda cuántos elefantes tiene. Hay risa de todos los estudiantes—y Paquito también—y gritan: ¡Usted no tiene elefantes!

Examen: Lección 7   Nombre_____

I. A escuchar

A. Conversaciones. Listen to the following questions that Mrs. González asks about the

school system and select the most logical answer.

1.   a. En la escuela de Bellas Artes.

      b. En la escuela de Tecnología.

      c. En la escuela de Deportes y Atletismo.

2.   a. Se puede asistir a una escuela Charter.

      b. Se puede tomar clases virtuales por computadora.

      c. Se puede navegar por Internet.

3.   a. Se venden en todas las librerías.

      b. Se vende en el café.

      c. Se vende en la biblioteca.

4.   a. Sí, te gusta.

      b. No, no me gusta.

      c. Sí, les gusta mucho.

5.   a. Sí, hay 5, 555 maestros bilingües.

      b. Sí, hay 500 maestros bilingües.

      c. Sí, hay 555 maestros bilingües.

      d. Sí, hay 5,050 maestros bilingües.

B. A contestar. Answer the following questions in Spanish with complete sentences.

1.   _____

2.   _____

3. _____

4. _____

5. _____

A practicar

II. Vocabulario

A. A escoger. Choose the correct answer to complete the following sentences.

1. Yo quiero estudiar química y física. Voy a una escuela que se especializa en _____.

      a. danza y música

      b. valores multiculturales

      c. alternativas

      d. ciencias y matemáticas

2. Una escuela Charter es _____.

      a. una escuela particular

      b. ilegal

      c. cobra una matrícula alta

      d. pública y es gratis

3.   —Acabo de comprar una nueva computadora.

    —¿Cuándo?

      a. Mañana.

      b. Hace diez años.

      c. Hace dos horas.

      d. Un monitor, un teclado y un CPU.

4. "La contraseña" quiere decir _____.

     a. el nombre del usuario

     b. un motor de búsqueda

     c. un mensaje instantáneo

     d. una palabra o número secreto para verificar la identidad

5. El proyecto de Karen para la Feria de ciencias es excelente. Va a ganar el _____

premio.

     a. primero

     b. primer

     c. primeras

     d. primeros

B. Sinónimos. Match each action from **Column A** with its description from **Column B.**

Columna A	Columna B
1. _____ Internet	a. identificación que se usa en línea
2. _____ nombre de usuario	b. monitor
3. _____ pantalla	c. la Red
4. _____ salón virtual	d. educación a distancia

III. Gramática

A escoger. Choose the correct answer to complete the following sentences.

1. Las contraseñas _____ para identificarse en la Red.

    a. usa

    b. se usa

    c. se usan

    d. usan

2. No me _____ tomar exámenes.

    a. gusta

    b. gusto

    c. gustan

    d. gustas

3. Acabo de terminar mi proyecto para la Feria de ciencias _____.

    a. hace diez años

    b. hace diez minutos

    c. mañana

    d. ¡Qué triste!

4. Un precio de _____ dólares por una computadora para la casa es alto.

    a. cinco

    b. cincuenta

    c. quinientos

    d. cinco mil

5. El distrito tiene _____ (6,771) estudiantes bilingües.

    a. cinco mil setecientos setenta y una

    b. siete mil seiscientos setenta y uno

    c. seis mil setecientos sesenta y un

    d. seis mil setecientas setenta y una

IV. A leer.

Situación de fantasía. Read the following paragraph and then complete the activities.

You are the teacher in this situation.

María Elena acaba de decirle a usted, maestro, que está frustrada porque quiere tener notas más altas en sus clases pero no puede. Ella tiene una vida social muy activa y pasa mucho tiempo hablando con sus amigas. No tiene un horario fijo de actividades para organizar su tiempo. Tiene varias tareas que no están completas. Pasa muchas horas con su computadora, pero normalmente no la usa para estudiar. Va de compras por la ropa más contemporánea, charla con los amigos por mensajes instantáneos y juega muchos partidos de Solitario y otros juegos de computadora. Ella dice que normalmente empieza su tarea, pero hay muchas distracciones. Y muchas veces no sabe la información que necesita. Con frecuencia, después de la escuela está muy cansada para trabajar con un tutor. Ella necesita ayuda. Quiere cambiar su situación académica, pero no quiere cambiar su rutina ni sus costumbres (habits). Usted es su maestro favorito y ella necesita sus consejos. Tiene que hacerle unas recomendaciones después de hacerle unas preguntas.

A. ¿Qué le gusta? Ask María Elena if she likes the following things.

MODELO: tener muchas deudas

¿Le gusta tener malas calificaciones?

1. las notas buenas

2. la ciencia

3. estar en clase y no comprender nada

4. la disciplina

5. la idea de un plan para organizar su tiempo

B. Recomendaciones. Now, as her advisor, you have to help her to understand how these things will help. Explain to María Elena what one does with the things or activities or problems on the list.

MODELO: el horario/hacer

Se hace el horario para organizar el tiempo.

1. motor de búsqueda/usar

2. la disciplina/necesitar

3. las buenas notas/recibir

4. un plan para organizar el tiempo/hacer

5. los tutores/consultar

Tapescript for *A escuchar* A

1. ¿Dónde se especializa en música, danza y pintura?

2. Si un estudiante no puede asistir a la escuela por enfermedad u otra razón, ¿cómo puede seguir sus estudios?

3. ¿Dónde puedo comprar libros?

4. ¿A los maestros les gusta la educación a distancia?

5. ¿Hay quinientos cincuenta y cinco maestros bilingües en el distrito?

Tapescript for *A escuchar* B

1. ¿Cuáles son dos ejemplos de la educación alternativa?

2. ¿Dónde se venden computadoras en esta ciudad?

3. A usted, ¿le gusta tomar exámenes de español?

4. Si una escuela tiene diez clases con treinta y dos estudiantes, ¿cuántos estudiantes hay en la escuela?

5. Identifique tres componentes de una computadora.

I. A escuchar

A. Conversaciones. Listen to the following description of a daily routine and answer the following questions.

1. Las actividades de esta persona, ¿representan más el estereotipo de un hombre o una mujer?

2. ¿A qué hora se levanta todos los días que tiene que trabajar?

3. Identifique tres actividades que hace la persona de la narración antes de despertar a su esposo/a y a sus hijos.

4. ¿Dónde trabaja esta persona?

B. A contestar. Answer the following questions in Spanish with complete sentences.

1. _____

2. _____

3. _____

4. _____

5. _____

A practicar

II. Vocabulario

A. A completar. Fill in the blanks with the word/s that best complete/s the idea.

1. Un grupo de atletas que se organiza para competir en los deportes como el béisbol o

   el fútbol es un _____.

2. La parte del gimnasio donde los atletas se ponen los uniformes y se duchan es el

   _____.

3. Para proteger la cabeza, un jugador de fútbol americano se pone un

_____.

4. El premio que ganan los campeones de un deporte es un _____.

5. La lista de los ingredientes y las instrucciones para preparar una comida es una

_____.

B. Definiciones. Write the definition of each of the following words or phrases or use it in a sentence that demonstrates the meaning.

1. el campeón

2. el gimnasio

3. la cocina

4. el servicio a la comunidad

5. el invierno

C. Sinónimos. Match each action from **Column A** with a word that means the same from **Column B.**

Columna A

1. ____ apoyarse

2. ____ ducharse

3. ____ lavarse

4. ____ enojarse

5. ____ vestirse

Columna B

a. bañarse

b. ponerse la ropa

c. ponerse furioso

d. limpiarse partes individuales del cuerpo

e. ayudarse

III. Gramática

A. Los verbos reflexivos. Fill in the blanks with the correct present tense form of the reflexive verb.

1. Muchas veces Sandra _____ _____ (despertarse) a las cinco para estudiar.

2. Primero, yo _____ _____ (levantarse) y después, _____ _____ (bañarse).

3. Nosotros _____ _____ (acostarse) a las once de la noche.

4. Muchas madres _____ _____ (preocuparse) por sus hijos cuando juegan los deportes.

5. Tú siempre _____ _____ (dormirse) durante la clase de química.

B. ¿Reflexivo o no? Read the following sentences, decide if the verb should be used in the reflexive form or not, and fill in the blank with the appropriate form.

1. Los atletas _____ (lavar/lavarse) los uniformes cada semana.

2. Primero, yo _____ (vestir/vestirse) a los niños, después yo

_____.

3. Ustedes _____ (acostar/acostarse) a las once de la noche.

4. Todos los trabajadores en la cafetería_____ (lavar/lavarse) las manos antes de entrar en la cocina.

5. El estudiante que nunca abre los libros_____ (despertar/despertarse) con insomnio porque está preocupado por su boleta de calificaciones que sale mañana.

C. ¿Saber o conocer? Use the correct form of **saber** or **conocer** to complete the following sentences.

1. Yo siempre leo las estadísticas de los partidos. Yo _____ mucho de los deportes.

2. Mi mamá es amiga de mi maestra. Ella la _____ muy bien.

3. Yo no _____ dónde está la cafetería de la escuela.

4. Yo _____ muy bien a nuestro entrenador atlético. Cuando grita (*yells*), yo

5._____ si es en serio o si está bromeando (*joking*).

D. Complemento directo. Use a direct object pronoun to tell if you need the following

things.

MODELO: más tiempo para terminar el examen.

No lo necesito.

1. coche nuevo _____

2. otra maestra_____

3. más sándwiches _____

4. unas vacaciones _____

5. dinero _____

E. La rutina de la mañana en su casa. Using at least five reflexive verbs, describe the

morning routine at your house.

_____

_____

_____

_____

_____

IV. A leer

Estimados padres de atletas,

Ya empiezan los deportes de la primavera: softball, béisbol, voleibol, golf y tenis.

Nuestros atletas estudiantiles están entrenando por muchas horas diarias para poder

terminar la temporada con los trofeos de los campeones. Como padre de un atleta estudiantil, usted es muy importante en el futuro del estudiante. Pedimos su ayuda y su apoyo. Ser un buen deportista quiere decir ser buen alumno. Los estudios de su hijo son lo primero. Tiene que mantenerse académicamente elegible si quiere participar en los deportes y ser miembro de uno de nuestros equipos prestigiosos. Hable con su hijo. Ayúdelo a organizar su tiempo dejando una porción para sus estudios, una porción para el entrenamiento físico, una porción para los amigos y la familia y una porción para el descanso. También buscamos a voluntarios para ayudar a los oficiales durante los partidos y las prácticas. Si usted tiene tiempo disponible para apoyar a los atletas, favor de comunicarse directamente con los entrenadores específicos. Si necesita información sobre los nuevos uniformes o sobre el calendario de eventos, puede llamar a la Oficina del Director de Atletismo de la escuela e informarse allí.

A. A contestar. Choose the most logical answer based on the reading.

1. Este artículo habla a favor de _____.

   a. la participación de los padres de atletas
   b. los uniformes
   c. los entrenadores
   d. los peligros

2. Los atletas también tienen que ser _____.

   a. padres
   b. buenos estudiantes
   c. entrenadores
   d. amigos

3. Los padres pueden _____.

   a. entrenar al estudiante

   b. ayudar a los atletas a organizarse

   c. emplear

   d. estudiar por el estudiante

4. Los entrenadores también buscan a padres que puedan _____.

   a. ser voluntarios con el equipo

   b. gritar

   c. cocinar

   d. lavar los uniformes

B. A escribir: Write a three sentence summary of the core information in the above article.

_____

_____

_____

Tapescript for *A escuchar* A

Yo soy maestra de arte en una escuela intermedia. Todos los días me levanto a las cinco de la mañana y mientras duerme el resto de mi familia, yo limpio la casa y empiezo a preparar la cena que vamos a comer por la noche. Cada día sigo la misma rutina. Limpio, cocino y entonces leo el periódico y tomo mi café. A las siete, despierto a mi esposo y a mis hijos. Ellos se levantan, se bañan y se visten mientras yo les preparo el desayuno. A las ocho, ellos salen de la casa para sus clases o trabajo y entonces yo me baño y me visto. Llego a la escuela a las ocho y media y preparo mi salón para el proyecto del día. Durante el día tengo cinco grupos diferentes. A las tres y media tengo que limpiar el salón de clase, lavarme muy bien las manos y a las cuatro voy a mi casa.

Tapescript for *A escuchar* B

1. Normalmente, ¿a qué hora se levanta usted?

2. ¿Cuáles son tres actividades que forman parte de su rutina cada mañana?

3. Identifique tres partes de un gimnasio moderno.

4. ¿Conoce usted a un chef profesional?

5. ¿Sabe usted cultivar las flores?

Examen: Lección 9   Nombre _____

I. A escuchar

A. Conversaciones. Listen to the following questions and select the most logical answer.

1.   a. clases de la alfabetización y la naturalización

          b. los deportes y el recreo

          c. las calificaciones y las notas

2.   a. la guardería

          b. inglés como idioma segundo

          c. préstamos

3.   a. deuda

          b. préstamo

          c. becas

4.   a. la cafetería

          b. la librería

          c. la guardería

5.   a. secretario

          b. consejero

          c. alumno

B. A contestar. Answer the following questions In Spanish with complete sentences.

1. _____

2. _____

3. _____

4. _____

5. _____

A practicar

II. Vocabulario

A. Expertos. Match the problems from **Column A** with the appropriate expert from

Column B.

Columna A	Columna B
1. __ No sé leer ni escribir	a. abogado de la inmigración
2. __ No sé qué quiero estudiar	b. maestro de alfabetización
3. __ Necesito dinero para los estudios	c. consejero
4. __ Necesitamos ayuda con las visas y documentos	d. tutor
5. __ No comprendo mis lecciones de matemáticas	e. agente de ayuda económica

B. Definiciones. Write the definition of each of the following words or phrases or use it

in a sentence that demonstrates the meaning.

MODELO: centro de salud

Un centro de salud es un lugar donde se recibe atención médica.

1. una guardería

2. el préstamo

3. la beca

4. la librería

5. un sueño

III. Gramática

A. El subjuntivo. Use the correct form of the verb in the subjunctive.

1. El maestro insiste en que ustedes _____ (pensar) más.

2. Yo recomiendo que tú _____ (pedir) una cita con un abogado.

3. El director teme que nosotros _____ (perder) los fondos por la crisis

económica.

4. Yo quiero que mis estudiantes _____ (trabajar) más.

5. Es importante que nosotros _____ (ir) a conocer bien las instalaciones del

Centro de educación.

6. El abogado no cree que ellos _____ (tener) problemas con la inmigración.

7. Ojalá que el maestro _____ (llegar) pronto.

8. Es difícil que el abogado _____ (poder) arreglar los papeles para mañana.

9. Los maestros prohíben que los exámenes _____ (salir) de la clase.

10. Es importante que los inmigrantes _____ (tener) todos sus documentos.

B. Subjuntivo o indicativo. Read the following sentences and fill in the blank with the

indicated form of the indicative or the subjunctive, according to the context.

1. Es evidente que ustedes _____ (tener) excelentes planes para el futuro.

2. Siento que su familia _____ (sufrir) problemas económicos.

3. Yo creo que el Director _____ (buscar) la causa de los problemas.

4. Nosotros recomendamos que ustedes _____ (buscar) otro centro

educativo.

5. Tú insistes en que los estudiantes _____ (ir) directamente a la clase.

6. Es dudoso que los libros_____ (llegar) para mañana.

7. Es verdad que yo_____ (tener) problemas con inmigración.

8. Quizás _____ (venir) los abogados inmediatamente.

9. Es triste que usted no _____ (saber) qué hacer para ayudar a los

estudiantes que pierden su trabajo.

10. Estamos contentos de que tú _____ (estar) aquí hoy.

C. Recomendamos que... You and a colleague are counselors talking to two newcomers to the country who would like to investigate taking classes, getting visas and becoming citizens. Complete the following sentences as indicated.

Recomendamos que ustedes...

1. **visitar** varios Centros de educación para conocerlos.

2. **conocer** a los maestros aquí.

3. **pedir** una cita con el agente de la inmigración.

4. **buscar** un apartamento cerca de aquí.

5. **asistir** a una reunión de orientación al Centro.

IV. A leer

Algunos consejos antes de tomar el examen GED.

Antes de presentarse para el examen GED es importante que usted tenga una estrategia para sobresalir en el examen. Aquí ofrecemos una colección de los consejos más importantes que nos han proveído algunos instructores de adultos con años de experiencia. Sugerimos que los lea usted y que haga unos exámenes de práctica tomando en cuenta estas ideas.

1. Primero, no es necesario que usted tome los cinco exámenes el mismo día. Hable con los oficiales del centro de educación para hacer un horario de uno o dos de los exámenes al día.

2. Todos recomiendan que se prepare física y mentalmente para el examen. Es importante que usted coma bien antes de presentarse para el examen y que esté tranquilo para poder pensar.

3. Sugerimos que llegue temprano y preparado con lápices, bolígrafos y un reloj. Es necesario que sepa los límites de tiempo en cada sección del examen.

4. Lea todas las instrucciones y preguntas con mucho cuidado.

5. En las partes del examen que evalúen la capacidad de leer y comprender, recomendamos un plan de tres partes: 1. lea rápidamente el párrafo buscando la idea principal; 2. lea rápidamente las preguntas para comprender lo que tiene que buscar; 3. lea el párrafo de nuevo, esta vez a paso más lento, prestando atención a las ideas y frases importantes.

Nosotros creemos que ésta es una estrategia excelente para los exámenes de español—¡como el examen que usted toma ahora!—también.

Le deseamos muy buena suerte.

A. A contestar. Answer the following questions based on the reading.

1. ¿Quiénes hacen estas recomendaciones del artículo?

2. ¿Es importante tomar todos los exámenes el mismo día?

3. ¿Cuáles son dos consejos muy importantes?

4. ¿Puede usted aplicar los consejos a este exámen? ¿Cómo?

B. A escribir: Write a three sentence summary of the core information in the above article.

_____

_____

_____

Tapescript for *A escuchar* A

1. ¿Cuáles son dos funciones de un Centro de educación para adultos?

2. Si un adulto no habla inglés ¿qué debe estudiar?

3. ¿Cuál de estas palabras significa dinero para los estudios que no tiene que pagarse?

4. ¿Cuál de estos lugares es mejor para un estudiante que tiene hijos jóvenes?

5. Yo quiero ayuda para explorar mis oportunidades profesionales. Mañana tengo cita

   con un _____.

Tapescript for *A escuchar* B

1. ¿Qué recomienda usted que haga una persona que piensa volver a la escuela después

   de muchos años de ausencia?

2. ¿Cuáles son las maneras de pagar los estudios?

3. ¿Cuál es uno de los documentos oficiales que necesita una persona que quiere inmigrar

   a Estados Unidos para vivir o trabajar?

4. ¿Qué es un inmigrante?

5. ¿Quiere usted trabajar en otra nación? ¿Por qué?

Examen: Lección 10   Nombre_____

I. A escuchar

A. Conversaciones. Listen to the following telephone conversations and tell if the caller

is seeking admission to a university **A,** looking for financial aid to go to school **B,** or

getting ready to graduate from the university **C.**

1. ____

2. ____

3. ____

B. A contestar. Answer the following questions with complete sentences.

1. _____

2. _____

3. _____

4. _____

A practicar

II. Vocabulario

A. Antónimos. Find the word or phrase from **Column A** that has the **opposite** meaning

from one in **Column B.**

Columna A	Columna B
____ 1. ayer	a. ganar
____ 2. comenzar	b. préstamo
____ 3. anteayer	c. terminar
____ 4. beca	d. mañana
____ 5. perder	e. pasado mañana

B. ¿Qué quiere decir? Write the definition of each of the following words or phrases or use it in a sentence that demonstrates the meaning.

1. matriculación

2. tutor

3. alojamiento

4. materiales académicos

5. ayer

III. Gramática

A. El tiempo pretérito. Read the following story and fill in the blanks with the correct form of the verb in the preterit tense.

Ayer cuando (1) _____ (prendi) la television en la cafete ria

(2)_____ (oí) las noticias. Hubo otro desastre natural en este país: un

terremoto (*earthquake*). Cuando nosotros (3) _____ (saber) lo que pasó, (4)

_____ (buscar) el número de teléfono de la Cruz Roja y todos

(5)_____ (pedir) una cita para donar sangre. La recepcionista me 6)

_____ (decir) que afortunadamente muchas personas (7)_____

(tener) la misma reacción. A la hora de mi cita, yo (8)_____

(ir) al centro de donaciones donde la enfermera me (9)_____ (hacer) unas

pruebas. Después, ella (10) _____ (darme) un vaso de jugo, un donut y una

sonrisa enorme para decir "gracias."

B. Antes del examen. Match the subjects and verbs in the preterit tense to tell what these people did the night before their most important final exam.

1. Algunos estudiantes/trabajar/juntos en la biblioteca

2. Varios estudiantes no/dormir/ en toda la noche

3. La madre de un compañero/venir/ a la residencia con galletas y otra comida

4. Muchas personas/traer/sus libros y notas a la cafetería para estudiar en grupos

5. Yo/buscar/a mis mejores amigos para estudiar

6. Una estudiante/tener/una reacción nerviosa

7. El hombre de la cafetería /dar/café gratis

8. Dos estudiantes/ir/al cine en vez de estudiar

9. Un estudiante de la clase nunca/estudiar

10. Él nos/pedir/ayuda para poder pasar la clase

IV. A leer

¡No lo creo! Una reunión de nuestros compañeros de la clase de 1970. ¿Y los

organizadores quieren una biografía breve de mi vida? No sé dónde empezar. Bueno,

como saben, nos graduamos en 1970 y todos fuimos a diferentes partes del mundo. Yo

recibí una beca Fulbright para hacer estudios graduados en Colombia. Empecé los

estudios en ciencias políticas, pero durante el año, leí varias novelas importantes y

cambié mi especialización a Lenguaje y Literatura. De allí fui a México donde hice más

estudios literarios. Allí conocí a mi esposo, Roberto, quien era Profesor de Inglés en la

misma universidad. Después de dos años, decidimos regresar a Estados Unidos. Roberto

solicitó y recibió una beca para sacar su Doctorado en Estudios Americanos.

Inmediatamente después, fuimos a Arizona donde él aceptó un empleo como profesor en

una universidad allí. A mí me ofrecieron una oportunidad de continuar mis estudios

graduados si quería enseñar español. Yo acepté el empleo. Roberto enseñó sus clases y

publicó varios libros. Viajamos mucho. Conocimos Perú, Brasil, Venezuela, España,

Grecia y Turquía. ¡Qué aventuras! Cuando nació nuestro hijo, seguimos viajando, pero menos. Yo sigo enseñando español. En 1998 tuve la oportunidad de colaborar en un libro de texto para enseñar español. Allí conocí a mi co-autora y ahora tenemos cuatro títulos publicados con ideas para muchos más. ¿Recuerdan ustedes nuestras clases de español en la escuela? ¡Los problemas que tuvimos con la gramática! Bueno. No puedo esperar más. Quiero ir a nuestra reunión inmediatamente. ¡Tantos recuerdos de las cosas que hicimos!

A. Cierto o falso: Indicate whether the following statements are **Cierto (C)** or **Falso (F).** Correct the ones that are false.

1. ____ La autora recibió una invitación a una fiesta de cumpleaños.

2. ____ Después de graduarse, viajó mucho.

3. ____ Conoció a su esposo en la universidad.

4. ____ Es autora de libros de texto.

5. ____ No tiene mucho entusiasmo para ver a sus compañeros en la reunión.

B. A escribir. Write a three or four line summary of the author's biography.

_____

_____

_____

_____

_____

Tapescript for *A escuchar* A

1. Sr. Consejero, no comprendo el problema. Yo cumplí con todos los requisitos básicos que hay en la lista, verifiqué con la cajera que no debo dinero a la universidad y compré mi toga y bonete.

2. Buenas tardes, yo llamo porque hace un mes que yo hice una solicitud FAFSA para recibir una beca federal del gobierno. Quisiera saber si está aprobada la solicitud o no.

3. Bueno, quiero hablar, por favor, con el Director de Admisiones. Yo estoy planificando mi futuro y quiero visitar varias universidades para conocerlas bien antes de tomar una decisión final. ¿Puede usted darme la información que necesito para arreglar una visita y una entrevista?

Tapescript for *A escuchar* B

1. ¿Cuáles son las maneras de pagar los costos de la educación?

2. ¿Escribió usted un ensayo personal como parte de su solicitud de admisión a su universidad?

3. ¿Recibió usted ayuda económica para asistir a sus clases?

4. Escriba una lista de tres cosas que usted hizo el once de septiembre de 2001.

Examen: Lección 11   Nombre_____

I. A escuchar

A. Conversaciones. You are a teacher helping students with an oral history project.

Some of the informants are older and confused about time. Listen to the following

statements and tell if the speaker is referring to then **(entonces)** or now **(ahora).**

Write **A** for then, and **B** for now.

1. _____

2. _____

3. _____

4. _____

5. _____

B. A contestar. Answer the following questions with complete sentences.

1. _____

2. _____

3. _____

4. _____

5. _____

A practicar

II. Vocabulario.

A. A completer.

Choose the answer that best completes the statement or answers the question.

1. En el pasado, _____ eran medicinas que las familias preparaban en casa.

    a. dulces

    b. remedios

    c. cartas

2. Los miembros de las generaciones anteriores en mi familia son mis _____.

    a. descendientes

    b. antepasados

    c. soldados

3. El padre de mi abuelo es mi _____.

    a. nieto

    b. bisabuelo

    c. tío

4. Ahora que viajo mucho por mi empleo, necesito tecnología portátil. Pienso comprarme

_____.

    a. un servidor de 5 toneladas

    b. una pantalla sensible

    c. un Palm

5. Acabo de comprar la computadora más moderna que haya. Mi _____ es una

maravilla de la tecnología.

    a. portátil con pantalla sensible

    b. zapato

    c. Univac

B. Definiciones. Write the definition of each of the following words or phrases or use it

in a sentence that demonstrates the meaning.

1. historia oral

2. astronauta

3. nostalgia

4. la guerra

5. una computadora portátil

III. Gramática

A. ¿Qué hacía usted? You and several other teachers and volunteers all happened to be

working in a computer lab when the computers went down. Use the imperfect tense to tell

what each person was doing.

1. Yo/hablar con un estudiante sobre su proyectos

2. Los estudiantes/buscar información sobre sus antepasados

3. El director/ir a su oficina

4. Los estudiantes en la clase de sexto grado/estudiar para el examen final

5. Algunos maestros/volver del almuerzo

6. Mis colegas/mirar el horario *(schedule)* para la semana

7. María Patricia/soñar con su nuevo refrigerador con pantalla sensible

8. Edith y Óscar/tener una conversación electrónica con su maestro

9. Mientras el conserje/limpiar, accidentalmente desconectó la electricidad y causó el problema

10. Las señoras de la cafetería/preparar el menú para la semana próxima.

B. ¿Imperfecto o pretérito? Read the following paragraph and use either the imperfect or the preterite form of the verb to logically complete the story.

Hace muchos años, cuando yo 1. _____ (ser) niño, yo 2. _____ (vivir) con mi familia en un pueblo pequeño y primitivo. El pueblo, muy tranquilo, no 3. _____ (tener) muchos servicios. No 4. _____ (haber) muchos teléfonos ni televisión. Las comunicaciones 5. _____ (ser) difíciles. Un día, mientras mi mejor amigo y yo 6. _____ (caminar) a la escuela y 7._____ (hablar) de los planes para el fin de semana, de repente él me 8. _____ (decir): "No me siento bien" y se desmayó *(fainted)*. Sin teléfono, yo 9. _____ (estar) solo con la emergencia. Yo no 10. _____ (saber) qué hacer, pero 11. _____ (empezar) a darle resucitación cardiopulmonar como en el cine. Muy pronto yo 12. _____ (escuchar) su respiración. ¡Qué alivio! Nunca voy a olvidar esa emergencia sin posibilidades de ayuda. Ahora nunca salgo de la casa sin mi teléfono celular.

C. A escribir. When you were young you and your family did things very differently from now because of technology. Think of at least four changes technology has made in your life and explain the way you used to do them and how you do them now.

MODELO: *Cuando era joven, íbamos al banco para hacer las transacciones. Ahora vamos a un ATM o al sitio web.*

_____

_____

_____

_____

_____

_____

IV. A leer

A. Una historia oral

Yo hablé con mi abuela para aprender más de mi barrio. Me dijo que mi bisabuelo llegó a Menlo Park en 1935. Mi abuela recuerda el Riverside Casino donde todos bailaban y conversaban con amigos cada viernes y sábado. Después de bailar, todos iban a la taquería para comer tacos y menudo. Menlo Park era un barrio muy pequeño entonces y todos se conocían y eran amigos. Mi abuela dijo que sus amigas y ella jugaban a rayuela todos los días y los muchachos jugaban al béisbol en el patio de recreo de la escuela o en la calle. No había mucho tráfico entonces, porque nadie tenía un coche. Mi abuela asistía a la escuela Menlo Park como yo. Ella recuerda el edificio cuando era mucho más pequeño y no había cafetería. Sus hermanos y ella iban a la casa para almorzar todos los días y después regresaban a las clases. Mi abuela era muy buena estudiante. Ella me mostró su boleta de calificaciones. Sacaba muy buenas notas en Lectura, Inglés, Música y Arte. No le gustaban las matemáticas y ella siempre recibía malas notas. Yo creo que soy exactamente como mi abuela. No me gustan las matemáticas, pero me gusta mucho ser estudiante en Menlo Park—precisamente como ella.

B. A contestar: Answer the following questions with complete sentences.

1. ¿Cuándo llegó la familia de la narradora a Menlo Park?

2. ¿Por qué iban a Riverside? ¿Qué hacían después?

3. ¿Dónde jugaban los niños?

4. ¿Cuáles eran los juegos favoritos de los niños?

5. ¿Por qué es la narradora como su abuela?

Tapescript for *A escuchar* A

Informante 1. Cada domingo íbamos a la casa de mis abuelos. Había unas veinte personas en la familia en aquellos días. Allí, comíamos mucho, escuchábamos el radio y dábamos un paseo por el parque para saludar a las otras familias.

Informante 2. Ayer fuimos a una exposición de tecnología en el centro comercial. A mis nietos les gustó una computadora que habla. ¡Qué interesante!

Informante 3. Acabo de poner mi nombre de usuario y mi contraseña para conectarme con mi banco electrónico y me dijo que otra persona ya estaba conectada con mi cuenta. ¡Es imposible! Yo soy el único usuario. ¿Qué debo hacer?

Informante 4. Después de la escuela, mis amigos y yo pasábamos por la dulcería para comprar un refresco o un helado. Entonces, jugábamos al fútbol o al béisbol hasta la hora de comer.

Informante 5. Cuando mi mamá estaba enferma, su madre y sus tías le preparaban una variedad de remedios en casa. No había farmacia en su barrio.

Tapescript for *A escuchar* B

1. ¿Dónde vivía usted cuando era niño/a?

2. Cuando usted era joven, ¿tenía una computadora? ¿Hacía su tarea por computadora?

3. La última vez que usted usó su computadora, ¿qué hizo?

4. ¿Alguna vez compró usted algo por Internet? ¿Fue fácil o difícil la transacción?

5. La tecnología cambia todo. Identifique dos actividades que hace por computadora ahora que no hacía antes.

I. A escuchar

A. Cierto o falso. Listen to the passage and then decide if each of these statements is

Cierto or **Falso.** If the statement is **Cierto**, the answer is "A". If it is **Falso**, mark "B".

1. _____ Anthony Muñoz es jugador profesional de béisbol.

2. _____ Es nieto de inmigrantes mexicanos.

3. _____ Para él, su herencia mexicana no es importante.

4. _____ Su papel como modelo para niños latinos es una responsabilidad seria.

5. _____ Cree que hay muchas oportunidades para hispanos en este siglo en deportes,

negocios, política y espectáculos.

B. Preguntas. Listen to the passage and select the most logical answer for each question.

6. ¿Por qué recibió su primera computadora?

    a. para usar en la escuela

    b. para navegar la Red

    c. por su cumpleaños

7. ¿Cuántos años tenía cuando la recibió?

    a. 10

    b. 8

    c. 30

8. ¿Por qué no tenía módem la computadora?

    a. No había Internet.

    b. No había disco duro.

    c. No había disquetes.

9. La nueva computadora tiene _____.

    a. cinco mil doce megabytes de RAM

    b. quinientos doce megabytes de RAM

    c. cincuenta y dos megabyes de RAM

10. La computadora original costó _____ la nueva.

    a. más que

    b. menos que

    c. tanto como

II. A leer

A. La cortesía en la clase

¡Ay! ¡Cómo son los estudiantes hoy en día! En abril pasado, un grupo de profesores de la Universidad de Arizona tuvieron la primera reunión en una serie para hablar del problema cada vez más aparente entre los estudiantes: la falta *(lack)* de cortesía en la clase. Cambiaron historias de los estudiantes que charlan por sus teléfonos celulares durante la clase, almuerzan comidas completas durante la clase y —lo peor—realmente duermen durante la clase. Y estas historias no mencionan el número enorme de estudiantes que llegan tarde y que se levantan y salen antes de terminar la hora. Ni los que pasan la clase conversando con los amigos a su lado y más allá.

Se dice que el comportamiento rudo que interrumpe el proceso de la enseñanza es cada vez más evidente entre los estudiantes. Cuando les preguntaron a los estudiantes presentes en el foro si habían visto esta clase de problema en las clases, cien por ciento afirmó que sí.

Una panelista les dijo a sus estudiantes: "Para nosotros, los profesores, es difícil competir por la atención de estudiantes acostumbrados a la acción rápida de los juegos de vídeo. Ustedes tienen que aprender a estar aburridos y a la vez mantener el enfoque *(focus)*."

Mientras la mayoría de los estudiantes están de acuerdo con que el comportamiento de muchos estudiantes interrumpe el proceso educativo, también afirman que probablemente los estudiantes culpables *(guilty)* no tienen ninguna idea de que estén causando problemas.

Cierto o falso. Read the above article and then decide if each of these statements is Cierto or Falso. If the statement is **Cierto**, the answer is "A". If it is **Falso**, mark "B".

11. Un grupo de profesores en Arizona está frustrado con el comportamiento de sus estudiantes.

12. Es común que los estudiantes charlen por teléfono durante la clase.

13. Los otros estudiantes no creen que haya ningún problema.

14. Una profesora cree que los estudiantes aburridos tienen que aprender a mantener la atención.

15. Los estudiantes problemáticos normalmente están conscientes de lo que hacen para interrumpir el proceso educativo.

B. Club de Artes Culinarias

En este club, los estudiantes exploran las oportunidades para hacer carrera dentro de la industria de la hospitalidad y el servicio de alimentos, aprendiendo la importancia del trabajo colectivo, una actitud mental positiva y la ética del trabajo. Los temas dentro de este estudio incluyen: administración de un restaurante, medidas sanitarias, la planificación de menús, la nutrición, la producción de alimentos en cantidades, servicio y control de la administración. Los estudiantes tienen la oportunidad de aplicar sus conocimientos trabajando en un restaurante simulado y después en un restaurante de la comunidad. Los estudiantes obtienen experiencia en las operaciones de un restaurante: el personal, las provisiones, el inventario y el dinero. Hay disponibles—por medio de competencias—varias becas para ayudar con los costos de una educación universitaria con especialización en un aspecto de las artes culinarias.
Para más información, llame al 555-5543
(Cortesía de Tucson Unified School District)

A emparejar. Read the above information and then answer the following questions by choosing the most logical response.

16. En este club, los estudiantes exploran carreras en _____.

    a. agricultura

    b. matemáticas

    c. alimentos y nutrición

17. ¿Cuál de estos temas NO se incluye en los estudios?

    a. el servicio de bebidas alcohólicas

    b. las operaciones sanitarias

    c. las operaciones y el dinero

18. Además de aprender las operaciones y las artes culinarias, aprenden _____.

    a. construcción

    b. agricultura

    c. la ética del trabajo

19. Los estudiantes trabajan _____.

    a. en restaurantes simulados y verdaderos

    b. en un bar

    c. como voluntarios

20. Por medio de competencias, los estudiantes pueden ganar_____.

    a. hamburguesas

    b. cien dólares

    c. becas de cuatro años a universidades

A practicar

III. Vocabulario

A. A escoger. Choose the letter that best answers the following questions.

21. Una escuela que no es tradicional a veces se llama _____.

    a. química   c. un extraterrestre

    b. multi-cultural   d. una escuela alternativa

22. ¿Qué se hace con una matrícula?

    a. Se descubre la esperanza.   c. Se juega.

    b. Se pagan los costos de la educación.   d. Se toma cuando está enfermo.

23. Para comunicarse por medio de la computadora se escriben _____ .

    a. ensayos personales   c. contraseñas

    b. cartas electrónicas   d. motor de búsqueda

24. Una palabra secreta que verifica su nombre de usuario es _____ .

    a. la contraseña   c. la Red

    b. el programa   d. el teclado

25. Un salón virtual es una manifestación de _____ .

    a. el euro   c. la educación a distancia

    b. matemáticas   d. un motor de búsqueda

26. Me encantan las computadoras. A veces cuando termino mi tarea paso horas _____

y explorando diferentes sitios.

    a. durmiendo   c. navegando por Internet

    b. trabajando en el jardín   d. en el cine

27. El _____ es una computadora tan pequeña que la puedo tener en la mano.

    a. disco duro   c. teclado

    b. URL   d. Palm

28. La parte de la computadora que contiene todos los documentos que escribo y los

programas es el la_____.

    a. disco duro   c. pantalla

    b. aparato   d. calculadora

B. A emparejar. You need to find new ways to explain some concepts to a young student.

Match the following words in **Columna A** to the most logical description in **Columna B**.

Columna A	Columna B
29. el vestuario	a. parte del gimnasio donde uso máquinas
30. el espejo	b. la ropa idéntica que usan los atletas para identificarse
31. el salón de pesas	c. donde se bañan los atletas
32. el uniforme	d. para poder mirarme cuando me peino

C. ¿Qué necesito? Explain what you will need to do in order to counteract the activities by

matching the verbs in **Columna A** to the **opposite** verbs in **Columna B**.

Columna A	Columna B
33. enojarse	a. unirse
34. despertarse	b. calmarse
35. ponerse	c. quitarse
36. pelearse	d. dormirse

D. El análisis. You are a professional counselor with adult students trying to make decisions about their futures. Make suggestions by identifying the conditions they describe and choosing a solution from the following list.

    a. orientación profesional

    b. clases de alfabetización

    c. informática

    d. inglés como idioma segundo

37. Yo quiero regresar a la escuela, pero no tengo ni idea de lo que quiero estudiar—y hacer profesionalmente.

38. Para conseguir un buen trabajo, tengo que aprender a operar una computadora.

39. Tengo vergüenza de admitirlo, pero no sé leer ni escribir.

40. Muchos miembros de mi familia no hablamos inglés.

E. Consejos. You are working with students interested in going back to school, but they will need help with resources. Match the list of resource with the need expressed.

    a. la guardería

    b. los tutores

    c. el centro de salud

    d. el abogado de inmigración

41. Nosotros no tenemos los documentos necesarios para permanecer en este país.

42. No tengo a nadie que me ayude con mis hijos cuando estoy en clase.

43. ¡Es imposible el álgebra!

44. Mi esposo está muy enfermo pero no tenemos seguro médico.

F. Cierto o falso. You have a student that is full of misinformation. Read the following statements that she makes and declare whether it is **Cierto** or **Falso**. If the statement is **Cierto**, mark "A". If it is **Falso**, mark "B".

45. Una beca es dinero para la educación que tiene que pagarse al terminar los estudios.

46. Una solicitud es una reunión personal con los oficiales de admisiones.

47. El préstamo es una forma de ayuda económica.

48. El primer día de clases un nuevo estudiante recibe un bonete y una toga.

49. El ensayo personal es un documento que escribe un estudiante con su visión para el futuro.

50. Un licenciado es un graduado de una universidad.

51. Un diploma es un certificado de cumplimiento con los requisitos.

52. Un discurso de despedida se usa para dar la bienvenida a nuevos estudiantes.

G. El pasado. As a history teacher, you are always asked to help people understand the differences between past and present. Match the "traditional way" with the "new way".

53. ___ una tienda pequeña y particular   a. tomar clases virtuales

54. ___ usar una enciclopedia   b. operar una copiadora electrónica

55. ___ sacar copias con papel carbón   c. usar un motor de búsqueda

56. ___ asistir físicamente a la escuela   d. cadenas de "super-almacenes"

H. La tecnología. As a teacher, you are always asked to help students understand today's technology. Match the item they ask you about to an explanation.

57. la casa inteligente   a. una pantalla del tamaño de un lente

58. una llevable   b. la velocidad del microchip

59 monocular digital   c. una residencia computerizada para reducir el trabajo

60. 2 GHz   d. ropa con computadora

IV. Gramática

A. En la oficina. As the principal's administrative assistant you are responsible for carrying out the boss' instructions and answering parents'questions.

Answer the following questions by choosing the most logical answer.

61. ¿Dónde puedo comprar las calculadoras gráficas?

    a. Se venden en Office Depot.   b. Se vende en Costco.

    c. Compre unos archivos.   d. No la necesitan.

62. Madre: ¿Cuándo puedo hablar con el director?

    Usted: Él acaba de llamar por teléfono _____.

    a. mañana   b. hace un minuto

    c. en media hora   d. antes de comer

63. Usted: ¿Por qué no terminó usted el proyecto?

    Estudiante: Porque los tópicos _____.

    a. no me gustan   b. no me gustó

    c. no te gusta   d. no te gustan

64. Madre: El director de la escuela particular dice que la matrícula va a ser $2000 por año.

    Padre: Una matrícula de _____ dólares es alta.

    a. doscientos   b. doscientas

    c. dos mil   d. dos millones

B. Las reacciones del director/a. During a discussion with your boss, the principal, you make the following statements. Mark each statement with an **A** if s/he likes the statement or with a **B** if s/he doesn't.

Le gusta (A)   No le gusta (B)

65. Acabo de preparar los contratos para los nuevos empleados.

66. Hay una gran pelea en la cafetería.

67. Las computadoras nuevas que compramos son muy caras.

68. Los estudiantes quieren preparar una fiesta para darle las gracias a usted por ser tan

    simpático.

C. Las noticias. Sometimes the young students in your class feel the need to share with you

all of the things that go on in their lives. Choose the most logical answer to finish their

explanation.

69. Yo voy a comprar un reloj despertador. Me gusta _____.

    a. levantarse temprano   b. levantarte temprano

    c. levantarme temprano   d. acostarme temprano

70. Mis padres solo toman café descafeinado. Tienen insomnio y no pueden _____.

    a. dormirme   b. dormir

    c. se duerme   d. me duermo

71. Mi mamá usa muchos cosméticos.

    a. Se maquilla todos los días.   b. Me maquillo todos los días.

    c. Se afeita todos los días.   d. Me afeito todos los días.

72. En mi casa, compramos mucho champú y acondicionador. Todos nosotros _____.

    a. se lavan el pelo mucho   b. nos lavamos el pelo mucho

    c. te lavas el pelo mucho   d. nos bañamos mucho

73. Siempre compro muchos lápices con borradores.

    a. Las uso para corregir mis errores. b. Los uso para corregir mis errores.

    c. Lo uso para corregir mis errores.   d. La uso para corregir mis errores.

74. ¡Ay de mí! No tengo mi tarea.

   a. La dejé en casa.   b. Los dejé en casa.

   c. Me dejé en casa.   d. Las dejé en casa.

75. Quiero comprar una computadora, pero no _____ usarla.

   a. sé   b. conozco

   c. sabe   d. conoce

76. El Sr. González es un maestro excelente. ¿Lo _____ usted?

   a. sé   b. conozco

   c. sabe   d. conoce

D. El subjuntivo. As a counselor in guidance office, you must often make recommendations, suggestions and judgments regarding the students. Finish the following statements with one of these three clauses:

a. hablar con el director   b. hable con el director   c. habla con el director

77. Es importante que Ud. _____ ahora mismo.

78. Sugiero que Ud. _____.

79. Es evidente que Ud. _____ con frecuencia.

80. Ud. necesita _____ hoy.

81. Dudo que Ud. _____ hasta mañana.

82. Yo insisto en que _____.

83. Ud. quiere _____ .

84. Ojalá que _____.

E. Una historia. You and your co-worker opened up the school this morning. Choose the letter of the verb that best completes the exciting story.

a. hizo   b. llegamos   c. fui   d. pudimos

Nosotros _____ (85) a las ocho de la mañana. Una persona _____ (86) ruido.

Nosotros no _____ (87) ver nada. Yo _____ (88) a llamar a la policía.

F. El resto de la historia. Finish the story by choosing the appropriate verbs.

a. supimos   b. dije   c. vino   d. puso

Yo le _____ (89) al operador que había un robo en la escuela.

La policía _____ (90) rápidamente y el sargento les _____ (91) esposas

(handcuffs) a los criminales. Entonces, nosotros _____ (92) que los criminales eran

muy peligrosos.

G. De niña. Finish this story by filling in the blanks with the letter that represents the

correct form of the imperfect or preterite tense according to the context.

De niña, cada vez que yo _____ (93. a. miraba b. miré) la televisión, mi mamá me

_____ (94. a. decía b. dijo) "Mi hija, tienes que terminar tu tarea." Siempre me

_____ (95. a. gustaba b. gustó) el programa de Barrio Sésamo y mi madre me

_____ (96. a. permitía b. permitió) mirar la televisión por solamente una hora al

día. Un día, yo _____ (97. a. decidía b. decidí) no ir a la escuela. Yo _____

(98. a. ponía b. puse) el termómetro en la lámpara para calentarlo y después yo

_____ (99. a. llamaba b. llamé) a mi mamá. Al leer el termómetro—

105 grados—ella me _____ (100. a. decía b. dijo) que tenía que ir inmediatamente

a la escuela.

Tapescript for *A escuchar* A

Una entrevista con Anthony Muñoz

En los 13 años que Anthony Muñoz juega fútbol americano por los Cincinnati Bengals

fue elegido 11 veces para el *Pro Bowl*, nombrado en 1980 al equipo *All-Decade* y al

equipo *All-NFL* en honor del 75 aniversario. Recibió el honor de *Offensive Lineman* por

tres años y jugó dos veces en el *Super Bowl*. Es miembro del *Pro Football Hall of Fame*

y recibió un premio de *Hispanic Heritage*. Trabaja con niños en Estados Unidos y

México.

PERIODISTA: ¿Su familia es de México?

ANTHONY MUÑOZ: Sí, mis abuelos inmigraron de México a Estados Unidos.

PERIODISTA: ¿Cómo cambió su vida desde su niñez?

ANTHONY MUÑOZ: De niño, nunca pensé en la posibilidad de cenar con el
Presidente Bush, el Presidente Fox de México y sus esposas
en la Casa Blanca, ni de hablar enfrente de grupos de 100 a
500 personas.

PERIODISTA: ¿Usted cree que su herencia mexicoamericana es
importante?

ANTHONY MUÑOZ: Es muy importante mantener mi historia y es un honor para
mí ser un modelo para niños hispanos. Es una
responsabilidad de mucha importancia.

PERIODISTA: Gracias por hablar conmigo. ¿Tiene algún comentario final?

ANTHONY MUÑOZ: Sí, creo que hay muchas oportunidades en el siglo XXI
para los hispanos, no sólo en deportes, sino también en
negocios, política y todo tipo de espectáculo.

Tapescript for *A escuchar* B

Yo recuerdo el día que recibí mi primera computadora. Era mi cumpleaños—tenía diez

años. La computadora era un Atari. No tenía disco duro—solamente tenía disquetes

grandes. No tenía módem porque nadie sabía nada del Internet en aquellos días. No lo

necesitaba. Ayer cumplí 30 años y otra vez recibí una computadora. Yo me compré una

computadora portátil con 512 megabytes de RAM, un disco duro de 90 gigabytes y un

módem de 56K. Es interesante que la nueva tecnología me costó doscientos dólares

menos que la computadora original.

Answer Key for Exams

Para comenzar

I. A escuchar:
A. Conversaciones: 1. c, 2. a, 3. b, 4. b, 5. c.
B. ¿Cuál es? a. 8, b. 9, c. 10, d. 6, e. 7

A practicar:
II. Vocabulario:
A. A escoger. 1. c, 2. b., 3. c., 4. b., 5. c
B. A conversar. 1. b , 2. a, 3. c., 4. b., 5. b.
C. A contestar: Answers 1-4 will vary. 5. veintiuno/veinte y uno

IV. A leer:
A. A comprender: 1. C., 2. C., 3. C., 4. F., 5. F.
B. A escribir: Answers will vary.

Lección 1
I. A escuchar:
A. Conversaciones. 1. a. 2. b. 3. b. 4. a
B. La solicitud de inscripción: Apellido(s): Gómez; **Nombre:** Roberto; **Edad**: 9, **Fecha de nacimiento**: el 30 de marzo; **Domicilio**: 9 Avenida Ventura, Las Vegas, Nevada; **Teléfono**: 315 0611;

A practicar:
II. Vocabulario:
A. A completar: Answers will vary.
B. A trabajar: 1. maestro, 2. estudiante, 3. el/la directora/a, 4. secretario/a, 5. recepcionista.
C. A nombrar: 1. la cafetería, 2. la biblioteca, 3. gimnasio y patio de recreo, 4. oficina.

III. Gramática
A. En la escuela: 1. soy, 2. es, 3. son, 4. eres
B. Los estudiantes: 1. extrovertida, 2. serio, 3. inteligentes, 4. trabajadores, 5. fácil
C. En la oficina: 1. la, 2. el, 3. las, 4. las, 5. los
D. Preguntas: 1. Cuándo, 2. Dónde, 3. Quién, 4. Por qué

IV. A leer.
A. A comprender: 1. F, 2. F, 3. C, 4. F, 5. C
B. A escribir: Answers will vary.

Lección 2

I. A escuchar:
A. Conversaciones: 1. e, 2. a, 3. c, 4. b
B. A contestar: Answers will vary.

A practicar:
II. Vocabulario:
A. A completar: 1. la merienda, 2. tarea, 3. juegos, 4. arte, 5. la cafetería
B. Acciones: 1. como, 2. llamo, 3. tomo/bebo, 4. estudio, 5. veo/miro

III. Gramática
A. El verbo *estar*... 1. estamos tristes, 2. está enfermo, 3. está preocupada, 4. estamos Nerviosos, 5. están listos
B. Los verbos... 1. reciben, 2. comprende, 3. ven, 4. buscan, 5. prepara, 6. recibe, 7. contesta, 8. corren, 9. tomamos, 10. regresas
C. Expresiones con *tener*. 1. tengo sed, 2. tiene miedo, 3. tengo prisa, 4. tengo sueño, 5. tienen hambre
D. A contestar: Answers will vary.

IV. A leer.
A. Cierto o Falso: 1.F, 2. F, 3. F, 4. F, 5. F
B. A escribir: Answers will vary.

Lección 3

I. A escuchar.
A. El accidente: 1. b, 2. a, 3. b, 4. b
B. A contestar: Answers will vary.

A practicar:
II. Vocabulario:
A. A completar: 1. columpios y sube y baja (other answers may vary), 2. rayuela, fútbol, salta la cuerda, 3. abuela, 4. fiebre, 5. varicela, sarampión
B. Definiciones. Answers will vary.

III. Gramática
A. En el consultorio. 1. estamos esperando, 3. está hablando, 3. estoy leyendo, 4. está Poniendo, 5. están haciendo
B. *Ser* vs. *estar*. 1. soy, 2. soy, 3. estoy, 4. estamos, 5. son, 6. estamos, 7. está
C. ¿Adónde vamos? 1. vamos, 2. vas, 3. voy, 4. van
D. ¿Qué van a hacer? Answers will vary.
E. La rutina diaria. 1. salgo, 2. hago, 3. traigo, 4. traduce, 5. sé, 6. ponen, 7. oyen

IV. A leer.
A. Cierto o falso. 1. F, 2. C, 3. F, 4. C, 5. F
B. A escribir. Answers will vary.

Lección 4
I. A escuchar:
A. Conversaciones: 1. peor 2. mejor
B. A contestar: Answers will vary.

A practicar:
II. Vocabulario
A completar: 1. l, 2. f, 3. h, 4. d, 5. I, 6. j, 7. c, 8. b, 9. k, 10. g

III. Gramática
A. ¿De quién es? 1. su, 2. Nuestro, 3. Sus, 4. Mis, 5. Su, 6. Sus
B. Los verbos irregulares: 1. Puedo, 2. queremos, 3. Tiene, 4. Pienso, 5. Prefieren,
6. Preferimos
C. Los comparativos: (there are other possibilities)
1. La escuela Mayo es más moderna que la escuela Corona.
2. La escuela Mayo tiene menos pisos que la escuela Corona.
3. Hay tantos salones en la escuela Maya como en la escuela Corona.
4. La escuela Mayo tiene tantas ventanas como la escuela Corona.
5. La escuela Mayo es peor que la escuela Corona.
IV. A leer.
A. Cierto o falso: 1.C, 2.F, 3.C, 4.C, 5.F
B. A escribir. Answers will vary.

Lección 5
I. A escuchar
A. Consejus por teléfono: 1.a, 2.c, 3.b, 4. b, 5c
B. A contestar: Answers will vary.

A practicar:
II. Vocabulario:
A. A completar: 1. b, 2. e, 3. d, 4. a, 5. c
Contrarios: 1. e, 2.c, 3.a, 4. b, 5. d

III. Gramática
A. El estudiante nervioso. 1. abre, 2. saca, 3. busca, 4. Escribe, 5. Pon, 6. Conecta,
7. lee, 8. Juega, 9. haz
B. ¡No hagas eso! : 1. pelees, 2. amenaces, 3. busques, 4. fumes, 5. traigas
C. Mandatos para una emergencia: 1. Escuchen, 2. Busquen, 3. vayan, 4. Esperen,
5. hablen, 6. tengan
D. Afirmativo > negativo: 1. Nadie está..., 2. La señora Limón nunca amenaza..., 3. No
hay nada..., 4. La policía tampoco puede..., 5. No hay ninguna bomba....

IV. A leer:
A. Cierto o falso: 1. F, 2.C, 3.F, 4.F, 5.C
B. A escribir. Answers will vary.

Lección 6: Repaso Para comenzar- Lección 5

1. b	26. b	51. e	76. e
2. c	27. c	52. b	77. c
3. a	28. c	53. c	78. a
4. e	29. b	54. a	79 d
5. d	30. a	55. d	80. b
6. a	31. c	56. a	81. a
7. b	32. d.	57. b	82. a
8. a	33. b	58. b	83. b
9. b	34. a	59. a	84. a
10. b	35. b	60. a	85. a
11. b	36. b	61. b	86. c
12. b	37. a	62. b	87. a
13. a	38. a	63. c	88. a
14. b	39. b	64. a	89. a
15. a	40. a	65. b	90. b
16. b	41. c	66. c	91. e
17. c	42. b	67. c	92. c
18. b	43. c	68. b	93. b
19. b	44. b	69. c	94. d
20. a	45. a	70. b	95. a
21. a	46. b	71. d	96. d
22. c	47. a	72. c	97. a
23. b	48. b	73. e	98. c
24. a	49. c	74. a	99. b
25. a	50. c	75. b	100. e

Lección 7
I. A escuchar:
A. Conversaciones: 1.a, 2.b, 3.a, 4.c, 5.a
B. A contestar: 1. Answers will vary.
                                 2. Answers will vary.
                                 3. Answers will vary.
                                 4. mil quinientos
                                 5. Answers will vary.

A practicar:
II. Vocabulario:
A. A escoger: 1.d, 2.d, 3.c, 4.d, 5.b
B. Sinónimos: 1.c, 2.a, 3.b, 4.d

III. Gramática
A escoger: 1.c, 2.a, 3.b, 4.d, 5.c

IV. A leer:
A. ¿Qué le gusta? 1. le gustan, 2. le gusta, 3. le gusta, 4. le gusta, 5. le gusta
B. Recomendaciones: 1. Se usa, 2. Se necesita, 3. Se reciben, 4. Se hace,
    5. Se consultan

Lección 8
I. A escuchar:
A. Conversaciones: 1.una mujer, 2. a las cinco, 3. limpia, cocina y lee el periódico,
    4. una escuela
B. A contestar: Answers will vary.

A practicar:
II. Vocabulario:
A. A completar: 1. equipo, 2. vestuario, 3. casco, 4. trofeo, 5. receta
B. Definiciones: Answers will vary.
C. Sinónimos: 1. e, 2. a, 3. d, 4. c, 5. b

III. Gramática:
A. Los verbos reflexivos: 1. se despierta, 2. me levanto / me baño, 3. nos acostamos,
    4. se preocupan, 5. te duermes
B. ¿Reflexivo o no? 1. lavan, 2. visto / me visto, 3. se acuestan, 4. se lavan,
    5. se despierta
C. ¿Saber o conocer? 1. sé, 2. conoce, 3. sé, 4. conozco, 5. sé
D. Complementos directos: 1. Lo necesito. 2. (No) la necesito. 3. Los necesito. 4. (No)
    las necesito. 5. Lo necesito.
E. La rutina de la mañana... Answers will vary.

IV. A leer:
A. A contestar: 1. a, 2. b, 3. b, 4. a
B. A escribir. Answers will vary.

Lección 9
I. A escuchar:
A. Conversaciones: 1. a, 2. b, 3. c, 4. c, 5. b
B. A contestar: Answers will vary.

A practicar:
II. Vocabulario:
A. Expertos: 1. b, 2. c, 3. e, 4. a, 5. d
B. Definiciones: Answers will vary.

III. Gramática
A. El subjuntivo: 1. piensen, 2. pidas, 3. perdamos, 4. trabajen, 5. vayamos, 6. tenga,
    7. llegue, 8. pueda, 9. salgan, 10. tengan

B. Subjuntivo o indicativo: 1. tienen, 2. sufra, 3. busque, 4. busquen, 5. vayan, 6. lleguen, 7. tengo, 8. vengan, 9. sepa, 10. estés

C. Recomendamos que...: 1. visiten, 2. conozcan, 3. pidan, 4. busquen, 5. asistan

IV. A leer:

A. A contestar: 1. Los maestros de adultos ofrecen los consejos. 2. No tiene que tomar todos los exámenes el mismo día. 3. Llegar temprano y estar preparado. (other answers possible) 4. Es una estrategia excelente para los exámenes de español. Es importante leer todas las instrucciones.

B. A escribir. Answers will vary.

Lección 10

I. A escuchar:

A. Conversaciones: 1. c, 2. b, 3. a

B. A contestar: Answers will vary.

A practicar:

II. Vocabulario:

A. Antónimos: 1. d, 2. c, 3. e, 4. b, 5. a

B. ¿Qué quiere decir? Answers will vary.

III. Gramática

A. El tiempo pretérito: 1. estuve, 2. oí, 3. supimos, 4. buscamos, 5. pedimos, 6. dijo, 7. tuvieron, 8. fui, 9. hizo, 10. me dio

B. Antes del examen: 1. trabajaron, 2. durmieron, 3. vino, 4. trajeron, 5. busqué, 6. tuvo, 7. dio, 8. fueron, 9. estudió, 10. pidió

IV. A leer.

A. Cierto o falso. 1. F, 2. C, 3.C, 4. C, 5. F

B. A escribir. Answers will vary.

Lección 11

I. A escuchar:

A. Conversaciones: 1. a, 2. b, 3. b, 4. a, 5. a

B. A contestar: Answers will vary.

A practicar:

II. Vocabulario:

A. A completar: 1. b, 2. b, 3. b, 4. c, 5. a

B. Definiciones: Answers will vary.

III. Gramática

A. ¿Qué hacía usted? 1. hablaba, 2. buscaban, 3. iba, 4. estudiaban, 5. volvían, 6. miraban, 7. soñaba, 8. tenían, 9. limpiaba, 10. preparaban

B. ¿Imperfecto o pretérito? 1. era, 2. vivía, 3. tenía, 4. había, 5. eran,
6. caminábamos, 7. hablábamos, 8. dijo, 9. estaba, 10. sabía, 11. empecé,
12. escuché

C. A escribir: Answers will vary.

IV. A leer:

A. Una historia oral: 1. Su bisabuelo llegó en 1935. 2. Iban a Riverside para bailar y
conversar con los amigos. Después comían tacos. 3. Los niños jugaban en la calle o en el
patio de recreo. 4. Sus juegos favoritos eran rayuela y béisbol. 5. La narradora es como su
abuela porque le gusta la escuela pero no le gustan las matemáticas.

Lección 12 Review 7-11

1. b	26. c	51. a	76. d
2. a	27. d	52. b	77. b
3. b	28. a	53. d	78. b
4. a	29. c	54. c	79. c
5. a	30. d	55. b	80. a
6. c	31. a	56. a	81. b
7. b	32. b	57. c	82. b
8. a	33. b	58. d	83. a
9. c	34. d	59. a	84. b
10. a	35. c	60. b	85. b
11. a	36. a	61. a	86. a
12. a	37. a	62. b	87. d
13. b	38. c	63. a	88. c
14. a	39. b	64. c	89. b
15. b	40. d	65. a	90. c
16. c	41. d	66. b	91. d
17. a	42. a	67. b	92. a
18. c	43. b	68. a	93. a
19. a	44. c	69. c	94. a
20. c	45. b	70. b	95. a
21. d	46. b	71. a	96. a
22. b	47. a	72. b	97. b
23. b	48. b	73. b	98. b
24. a	49. a	74. a	99. b
25. c	50. a	75. a	100. b

Synopsis of the Spanish for School Personnel Companion Website

http://www.prenhall.com/rush

The Spanish for School Personnel Companion Website is an online study guide coupled with links to websites grouped according to theme. The site allows students to practice, reinforce, and further explore the vocabulary, structures, and content topics of each *lección*.

Example of links by theme:

Hispanic support   Apoyo para hispanos

ENLACE (Kellogg Foundation--Engaging Latino Communities for Education)

www.research.ucsb.edu/ccs/enlace/index.html

President's Advisory Commission on Educational Excellence for Hispanic

Americans: www.YesICan.gov or www.YoSiPuedo.gov

Puente, www.puente.net

Hispanic Scholarship Fund www.hsf.net

Futuros Líderes de América www.flacorp.org

Advancement via Individual Determination www.avidonline.org

UCLA State Migrant Student Leadership Institute

www.gseis.ucla.edu/forum/v2n2/migrant.html

Mathematics Engineering Science Achievement

www.engineering.ucsb.edu/~mesa-msp/;

Language Practice for Students

Each *lección* includes testing sections offering online practice. Tests are then sent directly to the Prentice Hall server for immediate correction. Hints are provided to enable students to consult the text for reference to a particular vocabulary segment or grammar point.

Examples from *Lección 1:*

Módulo 1

Vocabulario B. Los maestros y las clases

[Hint: p. 22-23]

Choose the item from Column B that meets the needs of Column A

<u>Columna A</u>	<u>Columna B</u>
1. Un recepcionista debe ser _____ para hablar con el público.	a. honesto
2. En Estados Unidos, ser _____ ayuda mucho porque muchas personas hablan español.	b. bilingüe
	c. realista
3. Coca-Cola es una compañía _____.	d. internacional
4. El joven desea *(wants)* ser presidente; es muy _____.	e. ambicioso
5. Un criminal no es _____.	

Módulo 1

Estructuras B. Introducing and describing yourself and others: Ser + adjetivos

[Hint: p. 26-28]

1. En la oficina del señor Ortega yo _____ recepcionista.

   a. es

Coaching: Incorrecto. Review the forms of **ser.**

   b. eres

Coaching: Incorrecto. Review the forms of **ser.**

   c. soy

Coaching: ¡Correcto!

2. Ustedes _____ administradores.

   a. somos

Coaching: Incorrecto. Review the forms of **ser.**

   b. son

Coaching: ¡Correcto!

   c. es

Coaching: Incorrecto. Review the forms of **ser.**

3. La maestra es _____.

   a. simpática

Coaching: ¡Correcto!

   b. simpático

Coaching: Incorrecto. Review adjective agreement.

   c. simpáticas

Coaching: Incorrecto. Review adjective agreement.

4. La situación es _____.

   a. serio

Coaching: Incorrecto. Review adjective agreement.

   b. difíciles

Coaching: Incorrecto. Review adjective agreement.

   c. grave

Coaching: ¡Correcto!

5. Los estudiantes son _____.

    a. trabajador

Coaching: Incorrecto. Review adjective agreement.

    b. trabajadores

Coaching: ¡Correcto!

    c. trabajadoras

Coaching: Incorrecto. Review adjective agreement.